ARGENT, MORALE, POLITIQUE

DU MÊME AUTEUR

La Commune, son budget, ses comptes
Guide pratique d'analyse financière
(avec Marc Wolf)
Éditions de l'Atelier, 1988

Le Conseil général
(avec Jean-Claude Fortier et Jean Mastias)
Éditions de l'Atelier, 1994

La Fiscalité locale
PUF, « Que sais-je ? », n° 3113, 1996

L'Argent caché de l'Élysée
Seuil, 2007

La Commune et ses finances
Guide pratique
(avec Dominique Hoorens et Bruno Anantharaman)
Le Moniteur/Dexia, 2008

L'Argent de l'État
Un député mène l'enquête
Seuil, 2011, et « Points », n° P3013

L'État au régime
Gaspiller moins pour dépenser mieux
Seuil, 2012, et « Points », n° P3088

Le Métier d'élu local
Seuil, 2014

RENÉ DOSIÈRE

ARGENT, MORALE, POLITIQUE

Préface de Jean-Louis Debré

ÉDITIONS DU SEUIL
25, bd Romain-Rolland, Paris XIVe

ISBN 978-2-02-136045-5

www.seuil.com

Préface

L'action parlementaire de René Dosière est particulièrement importante pour celles et ceux qui aiment la République, pour qui la politique n'est pas un vilain mot, mais au contraire l'expression d'un noble engagement au service de la démocratie, de la liberté et de la justice.

Elle l'est aussi pour les défenseurs du droit du Parlement à exercer un véritable contrôle sur les pouvoirs publics.

La politique, c'est croire à des valeurs, se mobiliser pour les défendre et les faire partager au plus grand nombre. Mais il est vrai que l'indifférence, le scepticisme à l'égard des politiques, locaux ou nationaux, se révèlent trop souvent à l'occasion des scrutins, où l'abstention progresse régulièrement. Les élus politiques sont vite et facilement dénigrés, parfois dénoncés comme les complices d'un système opaque qui servirait leurs intérêts avant l'intérêt général. Trop fréquemment, parfois injustement, on suspecte certains d'entre eux de ne pas être très rigoureux quant à l'utilisation des fonds publics, voire d'en faire profiter des amis politiques. Certes, ces critiques ne sont pas toutes infondées, mais il ne faut pas non plus en exagérer la réalité. Dans leur ensemble, les élus de la République, en France, assument avec honnêteté leur mandat. Mais il convient d'être vigilant.

Les partis politiques, eux, sont toujours la cible de critiques concernant l'origine d'une partie des fonds auxquels ils recourent pendant les campagnes électorales. Certainement, il y a eu et il existe encore des pratiques condamnables, des tentations à vouloir contourner les prescriptions de la loi. Mais, en ce domaine, des progrès ont été réalisés, il importe d'en convenir.

Ainsi, la décision du Conseil constitutionnel de juillet 2013 d'invalider les comptes de campagne d'un candidat à l'élection présidentielle, et non des moindres, montre que le contrôle est bien une réalité aujourd'hui. De même, le nombre d'annulations d'élections législatives ou sénatoriales prononcées par le Conseil constitutionnel pour non-respect de la loi témoigne de l'effectivité de ce contrôle.

René Dosière est socialiste. C'est aussi et surtout un élu de la nation. Un élu responsable qui a foi dans ses idées et sait être libre et indépendant pour défendre la République, la démocratie, les droits du Parlement.

Oui, la démarche parlementaire de René Dosière est politique. Mais elle n'est pas politicienne. Il ne s'agit pas pour lui de régler des comptes, de dénoncer tel ou tel adversaire politique, mais de permettre plus de transparence dans l'utilisation de l'argent public. Pour paraphraser le philosophe Ernest Renan, la démocratie pour René Dosière apparaît comme « un rêve d'avenir partagé ». Pour ce faire, les élus et les institutions dont ils sont membres se doivent d'être au-dessus de tout soupçon.

Dès son arrivée au palais Bourbon, en 1988, René Dosière s'est ainsi intéressé aux financements des partis politiques et aux rémunérations des élus locaux. Il s'est ensuite préoccupé des budgets des institutions de l'État, aux dépenses de la présidence de la République, des ministères, de l'Assemblée nationale, du Conseil constitutionnel... Toujours avec le souci de mieux les appréhender dans leurs spécificités.

De son action opiniâtre, il est résulté un véritable progrès de notre législation et une meilleure transparence du financement de notre vie politique, avec, pour conséquence, un contrôle parlementaire plus efficace de l'usage des fonds publics.

Certes, tout n'est pas parfait, des zones d'ombre demeurent. Mais il importe de ne pas seulement dénoncer pour faire parler de soi, mais aussi de corriger, modifier, compléter notre législation, de l'améliorer pour rendre les comptes publics plus transparents encore et permettre ainsi un contrôle plus précis. Telle est la démarche de René Dosière.

La tentation de l'irresponsabilité sur de tels sujets est pourtant facile, mais elle nourrit le populisme et l'antirépublicanisme, qui sont le fonds de commerce de l'extrémisme. L'action parlementaire de René Dosière va à l'encontre de cette dangereuse facilité. Sa démarche, telle qu'elle apparaît dans ce livre, se veut d'abord éthique. Or, la politique a besoin d'éthique pour renforcer ses fondations et remobiliser les citoyennes et les citoyens.

Une telle démarche est indispensable et doit être permanente pour permettre à la République de refonder sa légitimité. Tous ceux qui ont reçu la responsabilité de gérer les affaires publiques, et donc de demander des efforts aux citoyens, ne sauraient s'exonérer de ces mêmes efforts. La confiance que délègue le peuple à ses élus est à ce prix. Et sans la confiance, aucune politique ne peut réussir.

Ce livre était nécessaire. Il est utile aussi aux démocrates, pour qui la République n'est pas seulement un slogan, mais une morale.

Jean-Louis Debré
président de l'Assemblée nationale (2002-2007)
président du Conseil constitutionnel (2007-2016)
5 janvier 2017

INTRODUCTION

Rocardien

Jeudi 7 juillet 2016, très belle journée d'été à Paris. Dans la cour d'honneur des Invalides, où l'ombre est rare, la Nation – tous dignitaires de la République alignés – rend hommage à Michel Rocard, décédé quelques jours plus tôt, à l'âge de 85 ans. Militant socialiste dès 1949, au PSU puis au PS qu'il rejoint en 1974, député des Yvelines, maire de Conflans-Sainte-Honorine, il incarne, face à François Mitterrand, une « deuxième gauche » réformiste et anticonformiste. Il est nommé Premier ministre de 1988 à 1991 par le même François Mitterrand. Il peut alors mettre en œuvre, pour un temps, avant un nouvel affrontement et sa démission, sa méthode et ses idées politiques. On lui doit notamment le revenu minimum d'insertion (RMI), la contribution sociale généralisée (CSG) et les accords de Matignon qui mettent fin à une longue période de conflit violent entre indépendantistes kanaks et loyalistes en Nouvelle-Calédonie. Européen convaincu, il est élu député à Strasbourg pendant quinze ans.

Le député que je suis est protocolairement placé derrière le gouvernement, non loin de la ministre du Travail, Myriam El Khomri. Ironie du sort, c'est elle qui a présenté en début d'année une loi, dont la finalité principale consiste à privilégier le dialogue social dans l'entreprise et le compromis entre partenaires sociaux, plutôt que l'application rigide de dispositions législatives. C'est l'illustration la plus récente du fait que les idées rocardiennes inspirent toujours l'action des socialistes français, soutenus sur ce point par la CFDT, et combattus, violemment, par la CGT et le Parti communiste.

« La politique, non pas pour le pouvoir, mais pour pouvoir »

C'est un hommage émouvant et juste que rend le président de la République à l'homme politique et à l'ancien Premier ministre. « Michel Rocard avait résumé sa méthode : "Penser clair, parler vrai, agir juste." Il n'a jamais renoncé à ces principes quoi qui lui en ait coûté. [...] Il était entré dans la vie publique pour des raisons éthiques, il ne les a jamais laissées en chemin. [...] cette passion a un nom. Elle s'appelle la politique. La politique, cet engagement qui donne un sens à la vie et la capacité de changer celle des autres. La politique, non pas pour le pouvoir, mais pour pouvoir. »

Belle formule qui résume l'engagement de Michel Rocard et de celles et ceux qui l'ont rejoint dans son parcours politique depuis ses combats contre la guerre d'Algérie jusqu'à la décolonisation pacifique de la Nouvelle-Calédonie.

Belle formule qui explique la popularité exceptionnelle qui l'a accompagné tout au long de sa vie publique, en particulier pendant la période où il fut Premier ministre – ce qui est encore plus exceptionnel. « Il n'a jamais eu qu'une seule vocation, une seule ambition, servir l'intérêt général », souligne encore le président de la République. Faut-il penser, pour que cela mérite d'être ainsi répété, que cette ambition n'est plus celle de nos responsables politiques ?

Poser la question, c'est y répondre. La montée très forte des abstentions aux diverses élections, y compris municipales, manifeste le désintérêt grandissant que suscite la politique chez certains de nos compatriotes. D'autres expriment leur rejet massif des pratiques politiques actuelles par les votes en faveur des extrêmes, notamment du Front national. Autant de comportements qui ne sont pas surprenants quand l'intérêt général s'efface derrière les intérêts particuliers, voire corporatifs ; quand les ambitions personnelles l'emportent sur le sens du collectif ; quand on exige de la population des efforts qu'on ne s'applique pas à soi-même ; quand on dépense l'argent public que l'on n'a pas ; quand trop d'élus manquent de probité ; quand l'action politique se soumet à la dictature de l'événementiel qui appelle des réponses brutales, au détriment du temps long qui implique dialogue et compromis.

L'engagement social, en premier

Pour ma part, j'ai rejoint l'Assemblée nationale à 47 ans, après plus de vingt années d'activités professionnelles et associatives diverses et multiples. Il est vrai que, comme de nombreuses personnes de ma génération, j'ai longtemps éprouvé un rejet profond envers la politique. Lorsque je suis entré dans la vie active et que j'ai commencé à me préoccuper du monde extérieur, au milieu des années 1950, la France connaissait une grave crise de régime. La IVe République s'était écroulée, victime de l'instabilité ministérielle (21 gouvernements en onze ans !) et de son incapacité à terminer la guerre d'Algérie (qui n'en avait pas le nom)[1]. La politique algérienne menée en 1956-1957 par le gouvernement socialiste de Guy Mollet, exactement contraire à ses engagements électoraux, avait déconsidéré complètement la SFIO (Section française de l'Internationale ouvrière)[2], ses soutiens communistes, ainsi que les partis de droite qui l'avaient prolongée jusqu'en 1958.

Le retour au pouvoir du général de Gaulle entraîne un bouleversement complet du paysage politique français. Une nouvelle Constitution, fondatrice de la Ve République, renforce sensiblement le pouvoir exécutif et affaiblit l'Assemblée nationale, omnipotente

1. C'est une loi de 1999 votée à l'unanimité qui remplace l'expression « opérations effectuées en Afrique du Nord » par la phrase « à la guerre d'Algérie ou aux combats en Tunisie et au Maroc ».

2. C'est en 1969 que l'appellation « Parti socialiste » se substituera à celle de la SFIO qui existait depuis l'unité des socialistes en 1905.

sous le régime précédent. Le caractère « bonapartiste[1] » du nouveau régime sera accentué en 1962 par la décision d'élire à l'avenir le président de la République au suffrage universel et par l'apparition à l'Assemblée nationale d'une majorité absolue dont le socle est une nouvelle formation gaulliste qui se veut différente des partis en lice. La défaite électorale de ces derniers, unis dans un « cartel des non » opposé aux nouvelles institutions et à la personne du général de Gaulle, conduit à un rejet massif du personnel et des pratiques politiques traditionnelles. Dans ce climat déliquescent, dont on se rapproche aujourd'hui[2], la politique est discréditée.

Charles Péguy, que je découvre à cette époque, conforte mon aversion pour la politique parlementaire. L'auteur de *Notre jeunesse* stigmatise, à de multiples reprises, l'électoralisme des députés de la IIIe République, comme en témoigne ce commentaire des séances de la Chambre consacrées à la lutte contre les bouilleurs de crus en février 1903 : « Pour la première fois, les députés d'arrondissement ont ouvertement, formellement, publiquement, officiellement

1. Cette appellation se réfère aux idées et à la pratique de Louis-Napoléon Bonaparte, premier président de la République élu en 1849 au suffrage universel (masculin), qui se caractérisent notamment par l'aspiration à un pouvoir exécutif fort, l'abaissement du Parlement, le refus de la distinction droite/gauche. Voir René Rémond, *Les Droites en France*, Aubier, 1982.

2. La différence essentielle entre les deux périodes réside dans la situation économique. Les années soixante connaissent une forte croissance, une amélioration des conditions de vie et une absence de chômage caractéristiques de la période dite des « Trente Glorieuses » (1945-1975).

sacrifié les intérêts généraux aux intérêts individuels et particuliers, les intérêts du pays aux intérêts de leur circonscription, les intérêts de la France et du monde aux intérêts de leurs électeurs[1]. » Péguy restera pour moi une référence.

Lorsque j'ai effectué, beaucoup plus tard, mes premiers pas en politique, je m'orienterai vers les questions locales, restant à l'écart d'un engagement partisan. Je n'ai adhéré au parti socialiste qu'en 1977 et n'ai jamais appartenu à l'appareil local ou national du parti, ce qui me vaudra quelques solides inimitiés internes. En 2007, le parti socialiste refuse même de soutenir ma candidature aux élections législatives, malgré ma qualité de député sortant. Guy Carcassonne, professeur de droit public et ancien collaborateur de Michel Rocard, s'en affligera : « Comment n'être pas confondu de voir ainsi écarté un parlementaire dont l'admirable travail a fait l'honneur de sa fonction, de son groupe, de son parti ? [...] Moralité : René Dosière eût mieux assuré son avenir en soignant les socialistes locaux qu'en accomplissant la haute mission dont il était investi[2]. » En me renouvelant leur confiance, les électeurs ont clairement désavoué ces manœuvres d'appareil.

En 2012, rebelote ! Mais cette fois, conséquence de la notoriété acquise entre-temps, la décision de l'appa-

1. Charles Péguy, *Les Cahiers de la quinzaine*, 17 février 1903. *OPC*, t. 1, p. 1089.

2. Préface à René Dosière, *L'Argent caché de l'Élysée*, Seuil, 2007.

reil socialiste est vivement critiquée, tant dans la presse que dans le parti[1]. Une nouvelle fois les électeurs me permettent de poursuivre mon action législative. La vie politique n'est pas un long fleuve tranquille.

Les finances, point aveugle de notre démocratie

Aujourd'hui, je totalise vingt-cinq années de vie parlementaire quasi continue. Quel paradoxe pour le jeune homme qui rejetait le parlementarisme !

Mon entrée tardive à l'Assemblée nationale reposait sur une conception morale de la politique, forgée durant ma vie antérieure. Très tôt, je me suis particulièrement intéressé à des questions souvent laissées de côté et qui répondaient pourtant, j'en suis convaincu, à une demande pressante des citoyens. Transparence sur l'usage de l'argent public, clarification du financement de la vie politique, budget de la présidence de la République, lutte contre les gaspillages, diminution du train de vie de l'État, fonctionnement de la Cour et des chambres régionales des comptes, rémunérations

1. Notamment *Le Monde* du 25 mai 2012, qui écrit : « Le parti socialiste va-t-il préférer accréditer l'idée que les règlements de comptes locaux et les oukases de quelques apparatchiks nationaux sont plus importants que la défense d'une certaine image de l'éthique ? Ce serait indigne. » De son côté, le même jour, Serge July, ancien directeur de *Libération* et chroniqueur à RTL, s'interroge : « Voilà Monsieur Propre retoqué par le PS et une tache sur le drapeau de l'exemplarité. Ça s'appelle se tirer une balle dans le pied. »

et déontologie des élus, décolonisation de la Nouvelle-Calédonie... Autant de dossiers qui ont constitué la base de mon travail parlementaire.

Par ailleurs, expliquer à mes compatriotes la réalité de la fonction parlementaire et son enracinement dans notre histoire nationale, rendre compte de notre travail, m'a semblé primordial. Ainsi, un samedi par trimestre à sept heures du matin – été comme hiver –, un autocar de la Régie des transports de l'Aisne, aux couleurs vert et rouge, quitte Laon, avec une cinquantaine de participants. Au programme : visite de l'Assemblée nationale, pause déjeuner au Carrousel du Louvre, promenade sur la Seine en bateau-mouche[1]. Durant mon mandat parlementaire, ce sont plus de 5 000 personnes que j'ai accompagnées durant cette « journée citoyenne ».

La connaissance parlementaire de nos concitoyens se limite, au mieux, à la séance télévisée des questions au gouvernement ; or, si cette retransmission est perçue comme un spectacle agréable à regarder, elle dévalorise l'image du député et favorise l'antiparlementarisme. J'ai plusieurs fois proposé la suppression de cette séance, ou à tout le moins sa transformation en une véritable séance de contrôle de l'action gouvernementale, à l'instar de ce qui se pratique au Québec où seuls les députés de l'opposition s'expriment, sans notes, dans un véritable échange avec le gouvernement. La très grande majorité de mes collègues s'est toujours

1. Coût par personne : 31 euros (déjeuner non compris).

opposée à cette demande. Pourtant, chaque président de l'Assemblée, au vu des centaines de courriers qu'il reçoit, adresse aux députés un rappel à l'ordre en soulignant que leurs comportements lors de ces séances (interruptions, gesticulations, invectives, cris, injonctions, signes ostentatoires d'inattention aux débats) sont « indignes d'un débat démocratique et projettent une image désastreuse de la représentation nationale dans l'opinion[1] ». Voilà pour la forme. Quant au fond, il faut savoir que beaucoup des questions posées par les députés de la majorité sont décidées, et parfois même rédigées, par le cabinet du ministre concerné, ce qui facilite sa réponse. Bref, il s'agit d'une véritable comédie dont nos concitoyens ne sont pas dupes. Refusant de cautionner cette politique spectacle, nous sommes quelques-uns, trop peu nombreux hélas, à nous abstenir d'y participer.

Pour entrer à l'Assemblée, et pour faire un bon député, il n'existe ni école ni formation spécifique. Ce qui caractérise le député, c'est son rapport avec les citoyens, sa capacité à les écouter, à les comprendre, à résoudre leurs difficultés. Certains observateurs, peu avisés de la vie politique, appellent cela

1. Lettre de Claude Bartolone, président de l'Assemblée, 31 mai 2013. Avant lui, Bernard Accoyer avait envoyé un courrier du même type (19 mai 2011), soulignant que les téléspectateurs étaient « choqués » par une « attitude indigne du mandat reçu ». Auparavant, Jean-Louis Debré avait fait de même.

du « clientélisme » ou, plus positivement, de « l'assistanat social ». La réalité est bien différente. Derrière chaque demande, il y a une personne, une famille, dans l'isolement et le désarroi, qui s'expose. Parfois, la démonstration d'un dysfonctionnement administratif appelle une réponse réglementaire ou législative. Ces échanges sont le cœur de l'activité parlementaire. Ce sont eux qui permettent de connaître intimement les réalités de la société française. Les demandes d'intervention ou d'aide constituent autant d'appels pour une société solidaire. Finalement, c'est l'amour qu'il porte aux habitants de son territoire qui fait agir le député.

Mais dans son activité, sur le terrain ou à l'Assemblée, ce qui l'anime, c'est un ensemble de valeurs qui le poussent à consacrer son temps et sa vie au service de ses concitoyens et de son pays.

Le citoyen peut prendre la mesure de cette tâche en visitant le palais Bourbon, superbe monument de la République, qui met en valeur toute la noblesse de la fonction parlementaire !

Histoire et géo : le recul salubre et le terrain essentiel

Dans les années cinquante, l'univers scolaire, celui du lycée Henri-Martin de Saint-Quentin, est à des années-lumière de ce qu'il est devenu. Les effectifs sont faibles. L'institution scolaire est particulièrement rigide et hiérarchisée. Il n'existe ni conseil d'administration ni représentations des élèves ; garçons et filles fréquentent des établissements séparés. Le proviseur, craint et respecté, est assisté d'un censeur et d'un surveillant général qui affichent autorité et sévérité. En province, beaucoup d'élèves sont internes, logés dans des dortoirs ; quant aux sorties, elles sont limitées et encadrées. En cas de sanction, des retenues ont lieu le week-end. Ces contraintes ne m'ont pas incité à faire de la politique, contrairement à d'autres. Au demeurant, celle-ci ne pénétrait pas dans le lycée, et pas non plus dans mon milieu familial. Mon père, agnostique, était instituteur et ma mère, catholique pratiquante, élevait ses quatre garçons tout en secondant à l'occasion sa propre mère qui tenait un débit de boissons. Mon père est décédé trop tôt, et je n'ai jamais su quels étaient ses choix. Sans doute, les instituteurs, solidement encadrés par le SNI – Syndicat national des instituteurs – constituaient alors le socle de l'électorat de gauche. Mais mon père était par ailleurs un officier de réserve actif, attaché à l'ordre et à l'autorité.

C'est pourtant durant ces années de lycée que j'ai découvert le sens de l'engagement et du devoir au service des autres, grâce à la Jeunesse étudiante chrétienne (JEC). « Recruté » dès la sixième par l'aumônier du lycée (alors en soutane), je n'ai quitté ce mouvement que treize ans plus tard, après en avoir gravi tous les échelons jusqu'à être membre du secrétariat national pendant trois ans. À une époque où l'autorité hiérarchique régnait sans partage dans l'enseignement et dans l'Église catholique, la pédagogie développée au sein de la JEC était particulièrement novatrice. Trois verbes la résument : voir, juger, agir.

Voir, c'est-à-dire découvrir, le plus concrètement possible, les réalités du milieu scolaire dans lequel nous vivions et en discuter avec les autres élèves. Juger, c'est-à-dire soumettre cette réalité au regard des exigences de la foi religieuse, en particulier les textes évangéliques et la doctrine sociale de l'Église. Agir, c'est-à-dire mettre en œuvre les actions susceptibles de remédier aux insuffisances décelées, soit par des actes individuels, soit par des actions collectives.

Les deux aspects essentiels de cette pédagogie étaient la formation sur le tas, « par l'action » disions-nous, et le travail en équipe, qu'il s'agisse de réflexion ou d'action. On était très éloigné de l'enseignement théorique et du travail individuel qui sévissaient alors dans le secondaire. En quelque sorte, avant la lettre, une « validation des acquis professionnels ». L'enrichissement qui en résultait était d'autant plus fort que nous étions à l'âge de l'adolescence.

La guerre d'Algérie, qui ne prendra fin qu'en 1962, va marquer profondément ma génération. Bien évidemment, en premier lieu, ceux qui seront appelés à combattre, ce qui ne sera pas mon cas car je bénéficiais d'un sursis étudiant. Dans la branche universitaire de la JEC, en pointe sur cette question, nous nous intéressions particulièrement aux aspects humains et sociaux du conflit (exécutions sommaires, représailles collectives, actes de torture, attentats...) et menions une réflexion sur le processus de décolonisation, en souhaitant une cohabitation entre communautés européenne et arabe. Les attitudes des responsables politiques de l'époque suscitaient de notre part critiques et réprobations, à l'exception de Michel Rocard, admiré pour son attitude courageuse de dénonciation des camps de regroupement, et du général de Gaulle.

Ces activités militantes, chronophages, ont légèrement retardé l'obtention des diplômes universitaires ; mais la maturité acquise m'a permis d'approfondir mes études supérieures d'histoire et de géographie : prudence et humilité dans la recherche de la vérité ; recul vis-à-vis de l'actualité.

La vérité historique exige des éléments concrets : documents, textes, monuments, dont l'interprétation est toujours malaisée. Difficile, dans ces conditions, d'être certain de posséder la vérité. L'histoire incite à prendre du recul vis-à-vis de l'actualité, elle permet de découvrir les parts de nouveauté et de permanence dans les questions évoquées. Cette distinction est très utile en politique pour apporter les réponses adaptées, et nécessaire dans la connaissance de la procédure parlementaire qui s'est construite au fil du temps et des régimes politiques. Jean-Louis Debré, durant sa présidence à l'Assemblée, l'avait bien compris, en multipliant les initiatives pour faire connaître à tous les grands moments de notre épopée républicaine. « Une démocratie sans mémoire, écrivait Jean-Louis Debré, serait une démocratie en danger, car c'est la connaissance des épreuves surmontées qui soude la collectivité nationale et lui permet ainsi d'affronter de nouveaux défis[1]. »

L'enseignement universitaire de l'époque comportait néanmoins une lacune importante : la distance qu'il mettait avec les événements les plus contemporains. C'est dire que nos connaissances devaient être actualisées par la lecture des journaux et des revues – alors principaux organes d'information – et je dois souligner combien *Le Monde* a contribué à ma formation intellectuelle et politique.

Engagement à la JEC, formation historique, fréquentation du *Monde*, voilà les trois piliers qui soutiennent le socle des valeurs morales qui inspireront mon comportement ultérieur.

Engagement rocardien et finances locales

J'ai commencé ma carrière professionnelle, après ma formation en histoire et géographie, au service d'aménagement rural du territoire à la chambre d'agriculture de l'Aisne. C'est là que j'ai découvert les affaires municipales. Les analyses réalisées sur le département de l'Aisne m'ont conduit à utiliser de multiples données chiffrées, en particulier celles de l'INSEE dont les

1. Dans la préface à Jean Garrigues (dir.), *Histoire du Parlement de 1789 à nos jours*, Armand Colin, 2007.

publications me sont devenues familières. C'est à ce moment, également, que je commence à lire les rapports de la Cour des comptes – à l'époque beaucoup moins nombreux qu'aujourd'hui – et que j'apprécie la rigueur et la précision à dénoncer les gaspillages d'argent public. Les chambres régionales, créées en 1982 avec la première vague de décentralisation, ont développé cet effort et j'aurai, durant mon activité parlementaire, le souci d'améliorer les procédures de contrôle contradictoire et de défendre ces chambres régionales face aux attaques d'élus locaux mécontents de la mise en cause de leur gestion.

Diffuser l'information économique auprès d'un large public deviendra rapidement une préoccupation pour moi essentielle. Elle va se concrétiser pendant les six années où j'assure le compte rendu des travaux du conseil général, puis du conseil régional, pour un journal local, *L'Aisne nouvelle*[1], expérience enrichissante et exigeante car il convenait de présenter dans des termes accessibles des dossiers économiques et financiers rédigés en langage administratif.

Cette découverte des collectivités locales, je vais l'amplifier par un engagement bénévole au sein de l'ADELS (Association pour la démocratie et l'éducation locale et sociale). Fondée en 1960 par Michel Rocard, l'ADELS était un lieu de réflexion sur la décentralisation

1. De novembre 1970 à mai 1976. Compte tenu de mon activité professionnelle, j'utilisais le pseudonyme de Jean Linné (par référence à la rue éponyme, siège de la JEC).

et la démocratie locale, un centre de formation pour tous ceux qui voulaient rénover les pratiques politiques locales, un engagement pour les hauts fonctionnaires passionnés par le service public et une véritable pépinière d'élus locaux[1]. Au sein de l'ADELS, dont je deviendrai vice-président, j'animerai plus spécialement le secteur « finances locales ». À ce titre, j'aurai une importante activité en lien avec la presse et la formation de journalistes dans ce domaine réputé ardu[2].

Cette connaissance approfondie des finances locales me conduira à assurer, à partir de 1976, un enseignement sur les finances locales à l'Université de Reims, dans le cadre d'un 3e cycle, à titre de vacataire[3]. Il s'agissait, pendant un semestre, d'assurer deux heures de cours par semaine, de diriger quelques travaux et de corriger les copies de l'examen final. J'ai conservé cet enseignement pendant trente-six ans, malgré une activité politique de plus en plus lourde. Assurer la formation des jeunes est une tâche passionnante qui m'obligeait à un devoir de vérité, de rigueur, d'honnêteté très salubre.

Finalement, cet enseignement universitaire, concomitant à mon engagement politique, m'a aidé à conser-

1. L'ADELS a cessé ses activités en 2011.

2. Rédaction de numéros spéciaux de *Correspondance municipale*, d'un cahier pratique à destination des élus locaux ; séances de formation de journalistes de la presse quotidienne régionale sur le thème « Comment analyser et rendre compte d'un budget municipal » ; nouvelle version de *La Commune, son budget, ses comptes* (François Gicquel, 1970)...

3. Dernière rémunération perçue pour l'année 2012 : 1 114,68 euros.

ver une attitude rigoureuse dans l'exposé et l'analyse de la réalité.

L'opposition doit avoir droit de cité

En 1968, je pars au Québec au titre du service national de la coopération, comme enseignant d'histoire-géographie à l'École normale de Saint-Damien de Bellechasse, bourg centre de 2 200 habitants sur la rive sud du Saint-Laurent, à une centaine de kilomètres de la ville de Québec.

La découverte du système politique anglo-saxon est fort instructive. Si le fait majoritaire est la règle, conséquence d'un mode de scrutin uninominal à un tour, l'opposition dispose d'un traitement particulier. Son chef bénéficie d'un statut, de moyens officiels (traitement et bureaux) et sa place est prévue dans toutes les manifestations officielles. À l'Assemblée nationale du Québec, les droits de l'opposition sont respectés, au point que les questions au gouvernement lui sont réservées. La carte électorale des comtés est régulièrement mise à jour en fonction des évolutions démographiques, en dehors de toute suspicion et polémique partisanes.

Faut-il rappeler qu'en France on attendra 1974 pour que les responsables de l'opposition soient reçus à l'Élysée ? Et si, aujourd'hui, les consultations des chefs de partis et de groupes parlementaires sont devenues habituelles, la place faite à l'opposition au Parlement reste pour le moins étriquée, malgré les efforts réalisés récemment, avec en particulier une présidence de commission sur huit[1].

D'une manière plus générale, dans notre pays, la majorité, qu'elle soit au Parlement ou dans les collectivités, ne partage pas le pouvoir avec l'opposition. Durant mon engagement politique, je combattrai sans cesse ce comportement arrogant, et finalement fort peu démocratique. Élu député, j'ai continué à suivre la politique québécoise, dont la législation en matière de financement de la vie politique et de déontologie des élus a inspiré mes travaux dans ces domaines. Ma participation active au groupe parlementaire d'amitié France-Québec m'a permis d'échanger régulièrement avec mes collègues d'outre-Atlantique.

Quelques années plus tard à Laon, j'effectue mes premiers pas politiques en créant un GAM (groupe d'action municipale). Issus de l'action menée en milieu urbain par des animateurs d'associations de quartier, d'usagers de services publics, de responsables syndicaux et de mouvements d'éducation populaire, les GAM mettaient l'accent sur l'information et la participation des citoyens à la transformation de leur cadre de vie[2]. La stratégie – partir des problèmes concrets

1. J'obtiendrai que la présidence de la commission de vérification des comptes soit également attribuée à un membre de l'opposition, mais je ne parviendrai pas à faire augmenter le nombre des élus minoritaires dans les conseils municipaux.

2. Voir Robert de Caumont et Marc Tessier, *Les Groupes d'action municipale*, Éditions universitaires, 1971.

pour aboutir à une prise de conscience politique des citoyens – s'accompagnait d'une « pédagogie ascendante » basée sur l'information, la collégialité dans la prise de décision des élus, l'association des citoyens à la prise de décision – ce que l'on appelle aujourd'hui la « démocratie participative ». Cela impliquait de bien connaître la réalité du terrain et d'éviter de faire des propositions irréalistes ou démagogiques, autrement dit « parler vrai » : ne jamais promettre ce que l'on se sait incapable de réaliser. Non pas que ce sérieux soit suffisant pour gagner une élection, mais il est toujours nécessaire pour obtenir le respect des électeurs, ce qui est primordial dans une démocratie.

Mon premier engagement politique se situe donc au niveau municipal, d'abord comme premier adjoint, en 1977, puis comme maire de Laon en 1983. Durant cette période de douze années, je me suis attaché, avec mes collègues du conseil municipal, à mettre en pratique les principes et les idées acquis avec l'ADELS et les GAM et développés dans mes publications.

La politique locale présente cet avantage considérable d'être compréhensible par les habitants, pour peu, bien sûr, qu'on pratique la transparence et que l'on associe la population. Cette proximité explique sans doute l'adhésion que porte la population aux communes, illustrée par la très bonne image du maire et une participation électorale encore élevée, ainsi que, de manière plus surprenante, le consentement global à l'impôt local malgré un mode de calcul profondément injuste. Les révoltes contre les impôts locaux sont, en effet, à la fois peu fréquentes et limitées dans leur ampleur, contrairement aux protestations que suscite la fiscalité nationale. Travailler en équipe, en apaisant les susceptibilités des uns et des autres ; surmonter les rapports de force politiques inévitables ; organiser le travail de plusieurs centaines de personnes ; rester à l'écoute de la population, avec ses exigences contradictoires, parfois simplistes mais toujours personnalisées ; vivre les joies et les peines quotidiennes de cette communauté humaine, c'est une tranche de vie irremplaçable que constitue la gestion municipale. En outre, elle permet d'agir concrètement et de façon visible sur la vie des citoyens en aménageant le cadre de vie, en développant les pratiques sportives et éducatives, en assurant la cohésion sociale dans les quartiers, en favorisant le développement économique et la création d'emplois, en améliorant le fonctionnement du service public municipal pour que chaque usager soit traité de manière égale et équitable, en veillant à la sécurité des habitants. Bref, la politique locale est exaltante à tous points de vue.

Mais, en 1981, Michel Rocard est nommé ministre du Plan et je deviens président du conseil régional de Picardie[1]. À ce titre, je suis associé à la préparation

1. À l'époque, le conseil régional est composé de tous les parlementaires de la région, de membres des conseils généraux et des maires des principales villes. La victoire de la gauche aux élections législatives modifie la majorité du conseil régional picard. M'étant beaucoup investi

du IXe Plan au sein de la Commission nationale de planification, qui réunit tous les présidents de conseil régional. Par ailleurs, Michel Rocard me confie la présidence de la commission « Développement décentralisé et équilibre du territoire ». Je suis donc amené à travailler plus fréquemment avec lui et ses collaborateurs, ce qui me vaudra, en avril 1983, d'être « débarqué » de la présidence du conseil régional, au profit d'un « mitterrandiste ».

Je me consacre alors totalement à la gestion de la ville de Laon où je suis élu maire en mars 1983. Cinq ans plus tard, Michel Rocard est nommé Premier ministre. Je suis alors sollicité pour me présenter aux élections législatives. Je réponds favorablement car, depuis sept années, je consacrais toute mon énergie et tout mon temps aux fonctions locales, avec des indemnités modestes, sans cotisations sociales ni droits à la retraite, et j'avais envisagé de mettre un terme à mon engagement politique à l'issue du mandat municipal[1].

En devenant député, je m'investis totalement dans l'action nationale dont je découvre progressivement l'intérêt et l'utilité. Ma défaite aux élections municipales de 1989 me permet de devenir un député à temps complet. Cinq ans plus tard, je vérifie qu'il s'agit d'un mandat à durée déterminée et que la reconversion offerte aux anciens parlementaires issus du secteur

---

durant les années précédentes dans l'animation du groupe socialiste, ce dernier me choisit unanimement pour être élu président.

1. Voir René Dosière, *Le Métier d'élu local*, Seuil, 2014, p. 69-73.

privé n'est pas facile[1]. Ma réélection comme député en 1997, avec 60 % des suffrages, me remet dans le circuit législatif.

C'est le résultat de ce long travail parlementaire qu'il importe d'exposer dans les pages qui suivent.

1. À l'époque, la rupture est brutale car il n'existe pas de dispositif de transition. Celui-ci sera mis en place ultérieurement.

I

Le coût des campagnes électorales

1. Les élections locales et législatives

Plus les électeurs boudent les élections, plus les candidats sont nombreux !

En 2012, aux dernières élections législatives, on relevait une moyenne de 11 candidats par circonscription (soit un nombre total de 6 603, auxquels il faut ajouter autant de suppléants). En 2015, aux élections régionales, c'étaient dix listes par région (21 456 personnes au total) et au printemps, pour les élections départementales, 9 candidats par canton (soit 18 494 personnes et autant de suppléants). Tous les records sont battus avec les 926 068 candidats aux élections municipales de 2014, soit 1 candidat pour 49 habitants. Si les candidats sont parfois difficiles à trouver dans les plus petites communes, au point qu'il n'en existait aucun dans 64 communes, ce n'est pas le cas dans les 1 130 circonscriptions de plus de 9 000 habitants où l'on comptait une moyenne de quatre listes par commune.

France, terre de civisme ? Voire... Deux motifs principaux expliquent cette poussée des candidats. D'abord, grâce au financement public, une campagne électorale, aujourd'hui, ne coûte pratiquement rien aux candidats. Ensuite, les suffrages obtenus lors du premier tour des législatives constituent la base de calcul pour le financement public des partis politiques. Avant la mise en place de ce financement, on recensait 5 candidats par circonscription, soit deux fois moins qu'aujourd'hui.

Les politistes Abel François et Éric Phélippeau relèvent que « l'accroissement des candidatures [aux législatives] s'explique principalement par des raisons opportunistes et non par une dynamisation de la vie politique[1] ». Ils constatent, en effet, la progression des « candidats fantômes », ceux qui n'effectuent aucune dépense de campagne, leur objectif consistant à obtenir un financement public à moindre coût[2]. En 2012, leur nombre représentait 44 % des candidats, contre 33 % en 2007 et 3 % en 1993. Analysant plus précisément l'origine de ces « candidats fantômes », les auteurs notent qu'on les trouve essentiellement dans les formations politiques marginales où leur proportion atteint 90 % (extrême droite, écologistes – hors EELV –, CNPT, divers droite).

1. Abel François et Éric Phélippeau, *Le Financement de la vie politique*, Armand Colin, 2015.

2. Il faut obtenir 1 % des voix, mais ce seuil est facilement atteint.

Les comptes de campagne, une contrainte nécessaire

Quelle que soit l'élection, dès lors que la population concernée est supérieure à 9 000 habitants, chaque candidat ou tête de liste doit tenir un compte de campagne retraçant l'ensemble des dépenses effectuées et des recettes perçues durant l'année qui précède l'élection[1]. Toutes les opérations financières doivent être réalisées par un mandataire financier, personne de confiance choisie par le candidat et déclarée en préfecture. Elle seule dispose de la signature du compte. À la fin de la campagne, l'exactitude des écritures est certifiée par un commissaire aux comptes. Le candidat signe le compte et certifie qu'il est exact et sincère, ainsi que ses annexes. Le document, avec ses justificatifs, est adressé à la Commission nationale des comptes de campagne et des financements politiques (CNCCFP), dont la mission consiste à vérifier la conformité des écritures au regard des dispositions législatives et réglementaires.

Concernant les dépenses, trois dispositions principales sont prévues : le plafond doit être absolument respecté. Son montant, fixé à l'avance, varie selon le type d'élection : seules des « dépenses électorales » peuvent être prises en compte et aucune dépense ne doit être payée directement par le candidat. S'agissant des recettes, la vérification principale porte sur le fait qu'aucun financement ne

1. La loi du 25 avril 2016 a réduit cette période à six mois, sauf pour l'élection présidentielle.

provient d'une collectivité publique ou d'une entreprise privée, car seuls les personnes physiques et les partis politiques sont autorisés à financer les campagnes.

Disposant du statut d'autorité administrative indépendante (AAI), la Commission nationale des comptes de campagne est composée de neuf membres, nommés pour cinq ans, parmi les hauts magistrats indépendants issus à égalité du Conseil d'État, de la Cour de cassation et de la Cour des comptes. Son budget annuel s'élève à 7 millions d'euros. Elle dispose d'un effectif de 51 personnes (fonctionnaires et contractuels) et d'un vivier de 150 à 200 collaborateurs occasionnels, volontaires, résidant dans les régions (souvent d'anciens fonctionnaires financiers et de magistrats honoraires), qui procèdent à la vérification des comptes des candidats et sont habilités à demander aux candidats des explications complémentaires. Au terme de son contrôle, la commission approuve les comptes, le cas échéant en rectifiant les montants, ou les rejette au regard des irrégularités commises. Elle détermine le montant du remboursement public auquel a droit le candidat qui a obtenu 5 % des suffrages et dont le maximum atteint 47,5 % du plafond des dépenses. En cas de rejet du compte, des sanctions sont prévues, selon la gravité des irrégularités. Lorsque le rejet est lié à un dépassement du plafond, la commission saisit le juge administratif (pour les scrutins locaux) ou constitutionnel (pour les scrutins nationaux), qui est seul habilité à prononcer les sanctions prévues dans ce cas, à savoir l'inéligibilité pendant une période maximale de trois ans, valable pour toutes les élections. Lorsqu'elle concerne un candidat élu, ce dernier est démis d'office. Ainsi, à l'occasion de l'examen des comptes de campagne des dernières élections sénatoriales, la commission a prononcé dix-sept rejets, tous confirmés par le Conseil constitutionnel. Onze sanctions d'inéligibilité ont été prononcées dont quatre envers des candidats élus qui, de ce fait, ont été démis d'office. Aux dernières élections législatives, où l'on élisait, pour la première fois, onze députés dans des circonscriptions de l'étranger, la commission a rejeté un compte sur cinq et deux députés élus ont été démis d'office.

La seule élection pour laquelle l'inéligibilité n'est pas prévue concerne l'élection présidentielle, ce qui se comprend : on imagine mal démettre le président élu, six à neuf mois après son entrée en fonction. C'est pourquoi la sanction est financière, à savoir le non-remboursement des dépenses par l'État (soit une somme de l'ordre de 11 millions d'euros), comme ce fut le cas en 2012 pour Nicolas Sarkozy.

Des dépenses plafonnées

En matière de dépenses, la disposition essentielle et originale de la législation française consiste à fixer, pour chaque type d'élections, un plafond de dépenses. Son montant correspond à une somme forfaitaire par habitant. Plus la population est importante, plus le plafond est élevé. Fixée en 1995, cette somme a été actualisée pour la dernière fois en 2009. Depuis le plafond est figé jusqu'au jour où le déficit des comptes publics sera nul. Ce gel du plafond voté dans la loi de finances pour 2012 constitue, en quelque sorte, une contribution obligatoire des candidats à la réduction des déficits publics.

TABLEAU 1

Quelques exemples de plafond des dépenses électorales

Type d'élection	*Montant du plafond (en euros)*
Élection présidentielle	16,851 millions (22,509 pour les candidats du 2nd tour)
Élection législative (120 000 habitants)	70 560
Élection sénatoriale (département de 500 000 habitants)	24 600
Élection régionale (région de 2 500 000 habitants)	760 627
Élection départementale (canton de 10 000 habitants)	7 872
Élection municipale commune de 9 000 habitants	13 505 (1er tour) - 18 597 (2nd tour)
comme de 101 000 habitants	94 415 (1er tour) - 132 926 (2nd tour)

Ce plafond de dépenses constitue le « noyau dur » des campagnes électorales. S'il n'existait pas, on assisterait à une frénésie de dépenses, comme aux États-Unis où seuls peuvent se présenter des milliardaires, ou des candidats très largement financés par le privé. C'est pour mettre à égalité les candidats, quelle que soit leur richesse personnelle ou celle de leur parti, que ce plafonnement des campagnes a été institué. L'existence de ce plafond entraîne d'autres limitations des dépenses de propagande électorale. Pendant les mois qui précèdent l'élection, l'affichage commercial, la publicité dans la presse ou tout autre moyen de communication audiovisuel (TV, radio) sont interdites ; il en va de même pour toute campagne de promotion publicitaire vantant les réalisations des collectivités locales.

Cette volonté de limiter les dépenses électorales est tellement essentielle que le dépassement du plafond est sanctionné par l'inéligibilité, qui est, finalement, la seule sanction qui compte pour un élu.

La propagande en tête des dépenses

Le compte de campagne doit retracer toutes les dépenses effectuées en vue de l'élection et spécifiquement destinées à l'obtention des suffrages. Au fil de ses décisions, la commission a précisé ce que recouvrent les mots « dépenses électorales ». Trois critères sont pris en compte. D'abord l'objet, autrement dit la recherche des suffrages. Ainsi les frais de réception engagés dans une réunion publique constituent une dépense électorale, mais pas les frais de restauration du candidat et de son équipe de campagne. Puis la date : toute dépense effectuée le jour de l'élection ou postérieurement n'est pas retenue, ainsi les frais d'une soirée conviviale pour fêter le succès. Enfin le lieu, ce qui implique que la dépense a été réalisée dans la circonscription. Toute dépense effectuée en dehors de la circonscription n'est pas électorale, puisque les électeurs ne sont pas rattachés aux candidats.

La lecture des décisions de la CNCCFP concernant les comptes des candidats à la présidentielle, rendues publiques au *Journal officiel*, permet de relever quelques particularités. Ainsi, quand Jean-Marie Le Pen et sa fille Marine Le Pen engagent des agents de sécurité pour assurer leur protection privée, il ne s'agit pas d'une dépense électorale, contrairement à la protection d'un meeting public ; quand une candidate fait imprimer un tract électoral en langue étrangère, ce n'est pas une dépense électorale puisque le français est la langue constitutionnelle de la République ; si des frais de maquillage et de coiffure exposés par Ségolène Royal et Nicolas Sarkozy ont été acceptés, le montant déclaré a été réduit car il apparaissait excessif ; quand Eva Joly s'est rendue en Grèce sans rencontrer aucun Français, la dépense n'a pas eu de vocation électorale, pas plus que l'achat par Ségolène Royal d'appareils de détection d'écoutes ; les dépenses liées à des manifestations habituelles du Front national (meeting du 1er mai et université d'été) ne sont retenues que partiellement du fait de leur régularité ; enfin, quand François Bayrou bénéficie d'une protection assurée par des policiers mis à sa disposition par le service de protection des hautes personnalités, il ne peut pas faire figurer dans son compte de campagne leurs frais de restauration et d'hébergement.

Autant d'illustrations de la vigilance de la commission. À l'avenir, elle pourra faire appel à des experts pour évaluer l'exactitude des factures présentées par les candidats – par exemple pour l'organisation d'un meeting. Ce renforcement des moyens d'investigation de la commission devrait éviter la reproduction des errements passés : en 2012, le coût des meetings de Nicolas Sarkozy avait été sous-évalué dans des proportions considérables[1].

Les rapports publiés chaque année par la CNCCFP permettent de reconstituer les grands postes de dépenses pour chaque type d'élection.

1. Ainsi, les frais d'organisation du meeting tenu le 19 février 2012 à Marseille s'étaient élevés à 770 677 euros, alors que dans le compte de campagne figure une somme de 100 104 euros.

GRAPHIQUE 1

Les dépenses de campagne
(en millions d'euros)

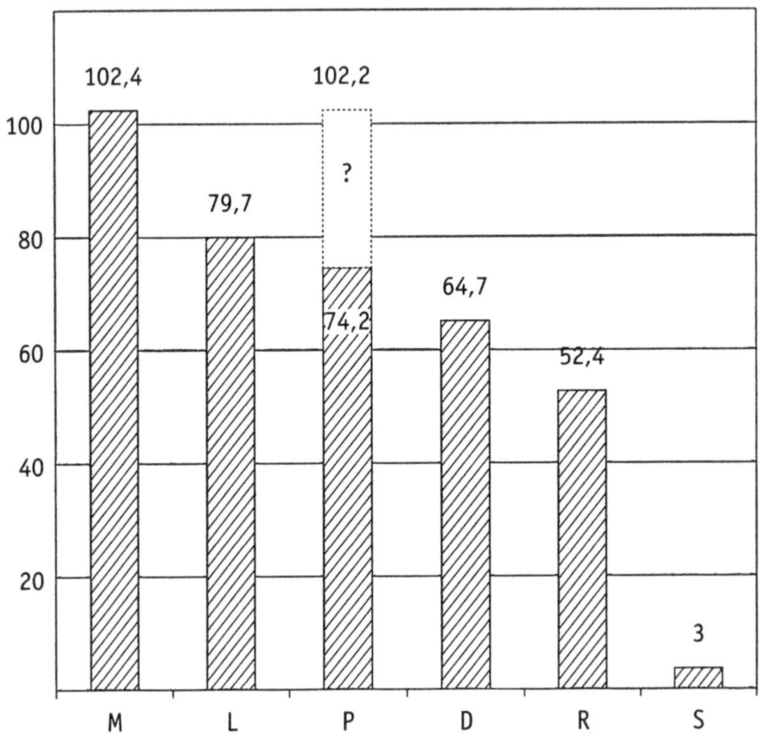

M Municipales, 2014
L Législatives, 2012
P Présidentielle, 2012
D Départementales, 2015
R Régionales, 2010
S Sénatoriales, 2014
SOURCE. CNCCFP.

GRAPHIQUE 2

Nature des dépenses de campagne par type d'élection
(en %)

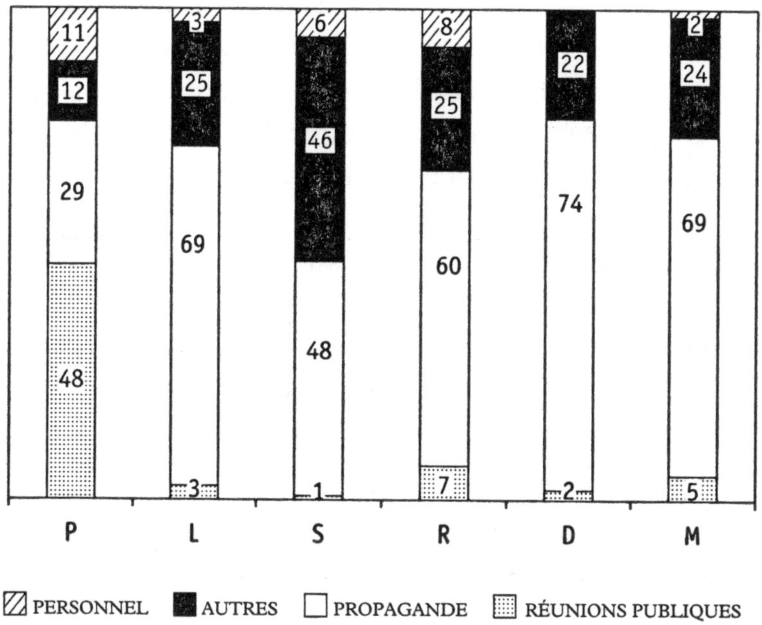

P Présidentielle, 2012
L Législatives, 2012
S Sénatoriales, 2014
R Régionales, 2010
D Départementales, 2015
M Municipales, 2014
SOURCE. CNCCFP.

C'est aux municipales que les dépenses des candidats sont les plus élevées, conséquence mathématique du nombre de communes – et de listes (par ailleurs, les dépenses dans les communes inférieures à 9 000 habitants ne sont pas recensées). Viennent ensuite les législatives, les présidentielles (avec une incertitude pour 2012, compte tenu des dépenses dissimulées), les départementales et les régionales. Les dépenses des candidats aux sénatoriales ne concernent que la moitié des sénateurs[1].

On constate sans surprise que les dépenses de propagande constituent l'essentiel des dépenses : les deux tiers (sauf pour les sénatoriales). Mais les moyens utilisés divergent fortement. Les réunions publiques, les grands meetings demeurent essentiels lors des présidentielles, puisqu'ils représentent la moitié des dépenses totales. Pour les autres élections, y compris les législatives, ce poste est très faible, voire marginal. Ce qui compte, c'est la propagande imprimée (journaux et tracts de campagne avec le coût de la distribution). Elle représente autour de 60 % des dépenses (mais seulement 18 % aux présidentielles). Les autres moyens de communication (sites internet, audiovisuel, conseils...) ne dépassent 10 % qu'aux régionales, municipales et présidentielles. Quant aux dépenses de personnel, elles ne sont significatives (autour de 10 %) qu'aux présidentielles et aux régionales.

Sur ce point, il convient de souligner que les parlementaires ne peuvent pas utiliser dans les campagnes électorales les moyens (locaux, personnel) dont ils dis-

1. Le Sénat – 348 sièges au total – se renouvelle par moitié, ce qui conduit à une élection tous les trois ans.

posent au titre de leur mandat parlementaire, au risque d'une sanction d'inéligibilité. L'élection sénatoriale présente un visage particulier. En effet, les sénateurs sont élus par un corps électoral restreint, composé des maires et des délégués des conseils municipaux. De ce fait, les candidats privilégient les rencontres directes à travers le département, en comité restreint, sur invitation. Ce type de campagne engendre d'importants frais de réception. Le jour de l'élection, les délégués se rendent à la préfecture où se déroule le vote. Les candidats organisent réceptions et repas, reconnus comme dépenses électorales par la CNCCFP, ce qui fait le bonheur des restaurateurs locaux. Par contre, la dépense relative à l'utilisation d'un local de campagne – habituelle dans les autres élections, car permettant le travail des militants et la réception du public – est très faible.

Un financement clair

Pour financer les dépenses, chaque candidat peut recourir à trois types de recettes : les contributions des partis politiques ; les dons des personnes physiques ; ses ressources personnelles. Le plus souvent, cet apport personnel provient d'un emprunt bancaire effectué à titre individuel, qui fera l'objet, ultérieurement, d'un remboursement par l'État, dès lors que le candidat aura obtenu au moins 5 % des suffrages exprimés.

Concernant les recettes, une disposition absolument essentielle interdit tout financement par une personne morale, privée (entreprise) ou publique (État, collectivité locale), à l'exception des partis politiques, seules personnes morales autorisées à financer les campagnes. Cette disposition est à ce point essentielle que son non-respect entraîne le rejet du compte et l'inéligibilité du candidat. Jusqu'en 1995, le financement par des entreprises était possible sous certaines conditions. Depuis cette date, il est strictement interdit. C'est en contrepartie de cette décision que l'État a décidé de rembourser aux candidats – qui ont obtenu plus de 5 % des suffrages – l'apport personnel qu'ils ont consacré à la campagne, dans la limite d'un montant égal à 47,5 % du plafond des dépenses autorisées.

Les autres ressources possibles concernent les dons des seules personnes physiques, qui donnent droit à une réduction d'impôt à hauteur de 66 % de leur montant. Ces dons ne peuvent dépasser 4 600 euros par campagne électorale.

Dernière recette possible, les contributions financières des partis politiques, seules personnes morales qui peuvent financer une campagne, en accordant une somme d'argent, en payant directement des dépenses, ou en fournissant des avantages en nature (prêt d'un local par exemple). Compte tenu des ressources dont disposent les candidats, et en particulier le remboursement de leurs fonds propres, les partis politiques restreignent sensiblement leur participation, toujours inférieure à 10 % des recettes (3 % aux départementales). Toutefois, cette aide des partis est plus forte

– en valeur relative seulement – pour les candidats dont le score est inférieur à 5 % des suffrages et qui, de ce fait, n'ont pas droit au remboursement de l'État. Dans ce cas, elle peut représenter 20 à 30 % des recettes. La conséquence de ce financement est claire : il n'est pas nécessaire de disposer d'une fortune personnelle pour se présenter à une élection. Comme la dépense est, de son côté, plafonnée, ce qui reste à la charge du candidat est très faible. Cette législation a permis une démocratisation des élections politiques.

TABLEAU 2

Le coût d'une campagne électorale
(en euros)

	Municipales 2014	*Départementales 2015*	*Législatives 2012*
Dépense moyenne	24 048	7 640	30 265
Financement personnel	17 174	6 816	22 827
Remboursement de l'État	16 205	6 154	21 113
Reste à la charge de la liste ou du candidat	969	662*	1 714

* Soit 331 euros par personne, puisqu'il s'agit d'un binôme.

Les données du tableau 2 sont des moyennes. Dans plus de 80 % des cas, le remboursement public couvre la totalité de l'apport personnel. Quant aux candidats qui n'ont pas de remboursement du fait de leur faible score, leur dépense résiduelle reste toutefois modeste, car leurs dépenses globales sont moins élevées. Ainsi, aux élections législatives, il reste à leur charge, en moyenne 942 euros ; 520 euros pour les élections départementales et 3 252 euros pour les élections municipales (à partager entre les membres de la liste).

Les écologistes plus économes

Concernant les élections plus politiques que sont les législatives, il m'a semblé utile de vérifier si les comportements financiers variaient selon l'étiquette politique des candidats. Pour répondre à cette question, j'ai procédé à une analyse des comptes détaillés pour les candidats des six principaux partis (PS, UMP, UDI, PCF, FN, EELV). Pour chaque formation, j'ai retenu un échantillon de trente candidats, élus ou non, répartis par moitié entre milieu urbain et rural, issus de départements différents. Les résultats apparaissent dans les deux graphiques suivants.

GRAPHIQUE 3

Les dépenses des candidats aux législatives de 2012
(en euros)

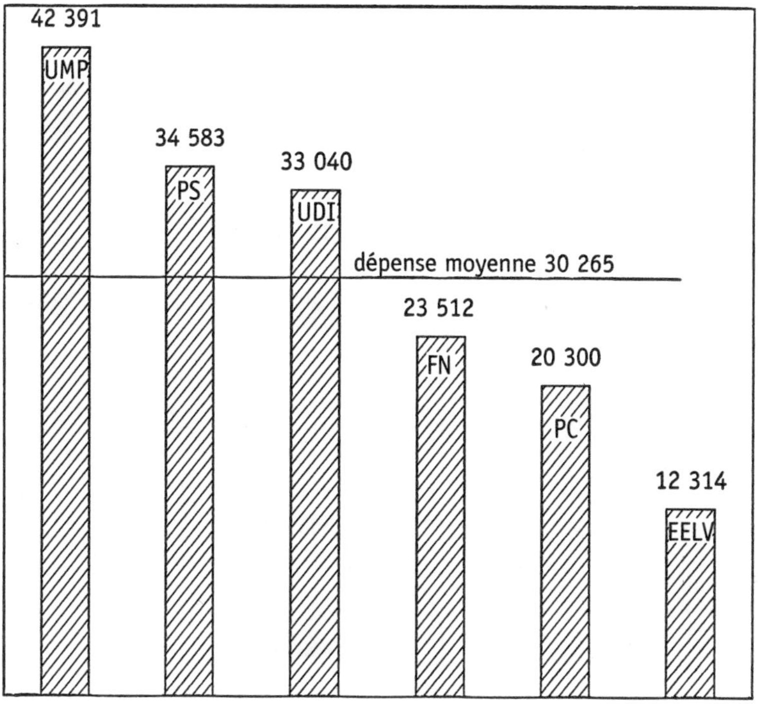

Échantillon : 30 candidats dans chaque camp.
SOURCE. CNCCFP.

GRAPHIQUE 4

Les recettes des candidats aux législatives de 2012

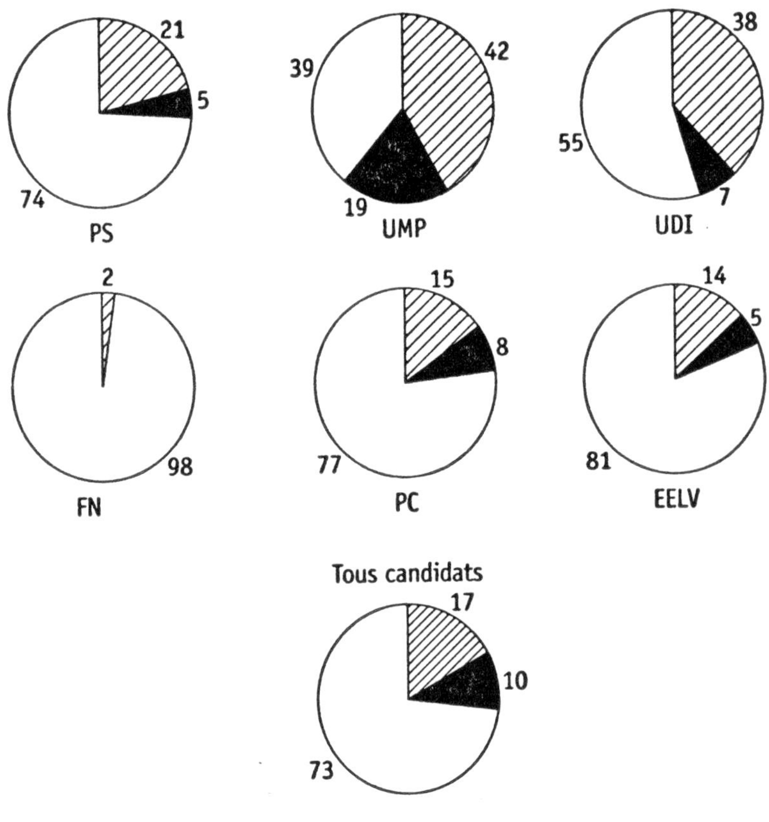

▨ Dons ■ Parti □ Apport personnel
Échantillon : 30 candidats dans chaque camp.
SOURCE. CNCCFP.

Côté dépenses, trois partis dépensent plus que la moyenne (UMP, PS, UDI) et les trois autres moins (FN, PC, EELV). Avec 42 391 euros, un candidat UMP dépense deux fois plus qu'un candidat FN et

PCF et trois fois et demie plus qu'un candidat EELV. En seconde position figurent les candidats PS avec une dépense de 34 583 euros, supérieure de 25 % à la moyenne.

Les recettes obtenues sont fort différentes d'un parti à l'autre. Les dons des personnes physiques sont importants à droite, constituant près de la moitié des recettes à l'UMP et près de 40 % à l'UDI. À l'opposé, ils sont inexistants pour les candidats FN, et modestes pour les autres partis, où ils représentent 1/5 à 1/6 des recettes. Phénomène étonnant pour des élections politiques : la contribution des partis (avantages en nature compris) est faible (moins de 8 %) à l'exception de l'UMP où elle atteint 20 %. Le Front national ne contribue pas – officiellement – au financement de ses candidats.

Cette différence de participation peut s'expliquer par l'aisance financière de certains partis, mais surtout par une stratégie qui optimise le financement public, puisque l'apport personnel provient aux trois quarts d'emprunts bancaires dont la moitié est fournie par les partis politiques. Aussi curieux que cela paraisse, ces derniers peuvent en effet consentir des prêts aux candidats qu'ils soutiennent. Ce système est optimisé par le Front national, dont l'un des satellites politiques (le micro-parti Jeanne) prête aux candidats la totalité de leur apport personnel et bénéficie, ensuite, du remboursement de l'État.

Cette analyse des ressources des candidats fait apparaître le rôle prépondérant du financement public, qui conduit à limiter l'apport financier des partis. À droite, l'importance des dons est le signe, tout à la fois, d'un engagement personnel et d'un électorat aux revenus élevés. Son importance conduit les candidats à dépenser plus, et à faire moins appel à l'apport personnel. Mais, dans tous les cas, le coût résiduel d'une campagne législative se révèle particulièrement faible. Le remboursement atteint 96 % de l'apport personnel pour les candidats FN, EELV et UMP ; 91 % au PS et au PC ; 80 % pour les candidats UDI. De sorte qu'il reste finalement à la charge des candidats des montants modestes : de l'ordre de 500 euros.

Comme toute moyenne, ces données occultent des situations contrastées. Mais les remboursements qui atteignent la totalité des apports personnels ne sont pas rares : quatre sur cinq aux municipales, un sur trois aux départementales, un sur sept aux législatives. Il est vrai qu'une barrière existe, pas facile à franchir, puisqu'il faut obtenir 5 % au moins des suffrages exprimés, seuil qui déclenche l'intervention de l'État, à la fois pour le remboursement de l'apport personnel, mais aussi pour la prise en charge de la propagande officielle (dont le montant ne figure pas dans le compte de campagne). Sous ce terme, on trouve les affiches électorales posées sur les panneaux publics prévus à cet effet, celui des professions de foi et des bulletins de vote adressés au domicile de chaque électeur. Pour ces prestations, l'État fixe un tarif forfaitaire et des critères d'impression (qualité du papier, etc.). Elles sont payées directement à l'imprimeur agréé choisi par le candidat. L'ensemble de ces frais de propagande officielle représente pour l'État une dépense de l'ordre de 2 000 euros par candidat.

2. L'élection présidentielle

Cinq particularités

Tous les cinq ans, l'élection présidentielle mobilise l'électorat, avec un taux de participation égal ou supérieur à 80 %. C'est devenu l'élection majeure de notre vie politique, depuis 1965, date de la première élection du président de la République au suffrage universel. Elle est soumise, globalement, aux mêmes règles de financement que le reste de la vie électorale. Toutefois, elle présente cinq particularités.

1. Pour être candidat il ne suffit pas de le vouloir. Il faut obtenir le soutien d'au moins 500 « parrains », issus de 30 départements et collectivités d'outre-mer différents. Seuls les élus (parlementaires, élus régionaux, départementaux et de la métropole de Lyon, maires et présidents d'intercommunalité… notamment) peuvent exercer ce droit de présentation, soit un nombre global d'environ 42 000 personnes dont 80 % de maires. La recherche de ces parrainages, qui étaient jusqu'alors recueillis par les (futurs) candidats, pouvait prendre temps et argent, sans parler des multiples possibili-

tés de pression, voire de corruption. On a même vu des maires mettre leur parrainage aux enchères ! Ce dispositif est désormais modifié. En 2017, les parrainages seront transmis directement par les intéressés au Conseil constitutionnel, par voie postale, et rendus publics chaque mardi et vendredi[1]. Une fois accordé, le parrainage ne pourra pas être retiré. À l'origine, l'institution de ces parrainages avait pour but de filtrer les candidatures et d'éviter les farfelus ou les hurluberlus, afin que l'élection présidentielle ne devienne un concours Lépine de la politique : en 1974, 12 candidats avaient pu se présenter. On a donc relevé le nombre de parrainages, ce qui a entraîné une réduction du nombre de candidats de 1981 à 1995. Mais en 2002, un pic est atteint avec 16 candidats, un record. Lors de la dernière élection présidentielle, on a compté 10 candidats. On verra si les nouvelles dispositions concernant les parrainages aboutissent à limiter le nombre des candidats. Cette limitation paraît souhaitable. Mais, pour y parvenir, il conviendrait de relever significativement le nombre de parrains nécessaire. Ou encore de moderniser ce système de présentation, comme le proposait la commission Jospin[2], en faisant parrainer les

1. Auparavant, seuls étaient rendus publics, pour chaque candidat, 500 parrainages tirés au sort. Au total, le nombre de parrainages est de l'ordre de 15 000.

2. Présidée par Lionel Jospin, ancien Premier ministre, la commission avait pour mission de faire des propositions concernant la rénovation et la déontologie de la vie publique. Son rapport est paru à La Documentation française en 2012.

candidatures directement par les citoyens (par exemple 150 000, répartis dans 50 départements).

2. Contrairement aux autres élections, le remboursement des frais de campagne par l'État est accordé à chaque candidat, y compris à ceux qui n'obtiennent pas 5 % des suffrages – mais pour ceux-là son montant est limité à 4,75 % du plafond des dépenses, soit une somme forfaitaire de 800 423 euros. Pour les candidats recueillant plus de 5 % des suffrages, le remboursement s'élève à 47,5 % du plafond des dépenses, ce qui représente pour les candidats du premier tour, 8 millions d'euros, et, pour les deux candidats du second tour, 10,691 millions. En effet, les plafonds de dépenses à ne pas dépasser s'élèvent à 16,851 millions pour le premier tour et 22,509 millions pour les deux candidats du second tour. De surcroît, dès que le Conseil constitutionnel a arrêté la liste officielle des candidats, chacun d'entre eux reçoit une avance de 153 000 euros (à valoir sur le remboursement ultérieur par l'État).

3. La déclaration de patrimoine que chaque candidat doit fournir à l'appui de sa candidature et qui jusqu'à présent était confidentielle[1] sera rendue publique au moins quinze jours avant le premier tour.

1. Seule la déclaration de patrimoine du président élu était rendue publique.

4. À la différence du régime applicable aux autres types d'élections, les candidats à l'élection présidentielle ne risquent pas, même en cas de fraude ou de manquement grave aux règles de financement politique, une sanction d'inéligibilité. En cas de rejet du compte – ce qui ne s'est produit qu'une seule fois en 2012 pour Nicolas Sarkozy –, s'applique une sanction financière lourde, puisque le candidat ne perçoit aucun remboursement financier de l'État, doit reverser au Trésor public l'avance des 153 000 euros et payer une amende correspondant au montant du dépassement[1]. La commission Jospin a souligné que « cette différence de traitement est difficilement justifiable sur le plan des principes », mais qu'aucune alternative n'est satisfaisante, car « toute sanction d'inéligibilité entraînerait la démission d'office du candidat proclamé élu et qu'une solution aussi radicale a paru difficilement envisageable ».

5. Les comptes de campagne de chaque candidat et les observations de la CNCCFP sont rendus publics et par ailleurs communicables au titre des documents administratifs, ce qui permet d'analyser les comptes.

1. Toutefois, des sanctions pénales éventuelles restent possibles.

2012, le rejet du compte de campagne de Nicolas Sarkozy

Les dépenses, même plafonnées, sont donc élevées. En 2012, la dépense s'élève à 22 millions pour chacun des deux finalistes ; à 8,2 millions pour chacun des trois candidats qui ont obtenu plus de 5 % des voix, et à 1 million pour chacun des cinq candidats qui n'ont pas franchi cette barre. La nature des dépenses est très différente des autres élections, comme on l'a vu *supra*, page 43. Les réunions publiques constituent le principal poste de dépenses (près de la moitié chez les « grands » candidats, un quart chez les autres). Les dépenses de personnel atteignent plus de 10 % du total. Côté financement, le rôle des partis politiques est important, qu'il s'agisse de prêts bancaires, de dépenses payées directement ou de prestations en nature. On relève que les prêts accordés par les partis politiques sont pratiquement équivalents aux prêts bancaires. Au total, cette contribution des partis représente près de 60 % des recettes. Les dons des personnes physiques sont trois fois plus importants en faveur des « grands » candidats, mais leur montant demeure limité (sauf pour Nicolas Sarkozy, 27 %). Toutefois ce qui a caractérisé la dernière élection présidentielle, c'est bien le rejet du compte de Nicolas Sarkozy, du fait d'un dépassement des dépenses autorisées.

Les résultats de la vérification menée par la CNCCFP sont accablants pour Nicolas Sarkozy : la commission a relevé pas moins de quinze omissions et erreurs, qui l'ont conduite à majorer le total des dépenses déclarées par l'ancien président d'une somme de 1 532 951 euros, soit + 7,35 %. À la suite de cette réformation, le plafond autorisé était dépassé de 363 615 euros.

Mais ce n'est pas tout. Le Conseil constitutionnel, saisi en appel, a réalisé sa propre instruction, ce qui l'a amené à modifier les calculs de la CNCCFP et à majorer les dépenses déclarées par Nicolas Sarkozy de 1 635 454 euros, soit + 7,66 %, d'où un dépassement du plafond autorisé de 466 118 euros.

Voilà qui témoignait d'un certain amateurisme, ou d'une extrême arrogance, de l'équipe de campagne de l'ex-chef de l'État. L'essentiel de la correction concernait un meeting à Villepinte, dont le coût total (3 076 074 euros) n'avait été inscrit que pour moitié, au motif que le matin s'était tenue là une réunion du conseil national de l'UMP, consacrée aux élections législatives. En l'occurrence, il ne s'agissait pas d'une bourde, mais plutôt d'une tromperie. Car les instructions menées de manière autonome par la CNCCFP et le Conseil constitutionnel montrent que, lors de cette réunion interne au parti, on a beaucoup plus évoqué l'élection présidentielle que les législatives, et que la disproportion flagrante entre le nombre de participants (5 000 au maximum) et les 80 000 personnes (selon le site internet de l'UMP) assistant au meeting de l'après-midi nécessitait de ventiler différemment les dépenses.

De plus, aucun justificatif n'avait été fourni quant au coût du conseil national.

Fort logiquement, la commission, approuvée par le Conseil constitutionnel, a modifié la répartition des dépenses en retenant, au titre de la présidentielle, 80 % des frais d'organisation et 95 % des frais de transport des participants. Soit une somme de 1 063 865 euros à réintégrer dans le compte de campagne. À lui seul, cet ajout n'entraînait pas un dépassement du plafond. Mais d'autres oublis apparaissaient : par exemple, les coûts liés à huit réunions publiques tenues par Henri Guaino, conseiller spécial du président de la République, qui a « présenté des éléments du bilan du mandat présidentiel et dénoncé certaines des propositions de candidats déjà déclarés », ce qui conférait à ces réunions un « caractère électoral ». De son côté, le Conseil constitutionnel a considéré qu'un meeting de Nicolas Sarkozy tenu à Toulon le 1er décembre 2011 – donc avant l'annonce de sa candidature, mais dans le délai d'un an qui précède l'élection – avait revêtu une dimension électorale. Il s'agissait d'une réunion militante organisée par l'UMP et non d'un déplacement du président de la République, auquel tous les élus et toutes les organisations républicaines sont traditionnellement invités.

À l'époque, avec mes collègues socialistes, j'avais dénoncé le fait que Nicolas Sarkozy utilisait sa fonction de président, et donc l'argent de l'État, pour mener campagne, et nous avions saisi la CNCCFP de ces irrégularités. Le président de la commission nous avait répondu qu'il serait attentif au respect de la législation. Par ailleurs, il avait mis Nicolas Sarkozy en garde contre d'éventuels écarts. Mais celui-ci n'en a pas tenu compte, se drapant dans sa fonction de président.

C'est d'ailleurs le Conseil constitutionnel, et non la CNCCFP, qui a inclus le meeting de Toulon dans le décompte, car il s'agissait d'une réunion militante puisque les fédérations UMP de la région avaient loué des cars pour y envoyer des adhérents. On se trouvait bien dans le cas d'une opération politique organisée par l'UMP et dans laquelle le chef de l'État avait prononcé un discours à tonalité électorale devant un public partisan. Le Conseil constitutionnel a donc estimé que le coût de ce meeting (155 715 euros) devait être, lui aussi, incorporé au compte de campagne. Le financement de cette réunion, en partie par l'État, c'est-à-dire par une personne morale autre qu'un parti politique, est strictement interdit par la législation, et constituait, en soi, un motif suffisant de rejet du compte. La décision définitive du Conseil est nette : non seulement Nicolas Sarkozy « n'a pas droit au remboursement forfaitaire » (10,538 millions), mais il « doit restituer au Trésor l'avance qui lui a été versée (153 000 euros) et payer le montant du dépassement à titre de sanction financière (soit 363 615 euros) ».

Ce rejet du compte – très inhabituel à ce stade – a suscité deux polémiques. Le candidat s'est vu réclamer le remboursement de l'avance et le montant de l'amende. Or, ces sommes ont été payées par l'UMP et non par le candidat personnellement. À la demande des commissaires aux comptes de l'UMP, qui contestaient la légalité de ce versement – l'amende devant être à la seule charge du candidat – une procédure judiciaire a été engagée à la demande des nouveaux dirigeants de l'UMP pour éclaircir ce point. Finalement, les juges ont admis – en septembre 2015 – que le parti politique pouvait payer, « le législateur étant resté muet sur la légalité de la prise en charge du paiement de cette somme par un parti ». Voilà un point qui méritera d'être précisé à l'avenir[1].

Par ailleurs, pour combler le trou financier consécutif à la non-participation financière de l'État, l'UMP a décidé de lancer ce que la presse a appelé un « Sarkothon », à savoir un appel aux dons des militants pour couvrir les 11 millions non remboursés. Cette initiative a rencontré un vif succès, au point que Nicolas Sarkozy a déclaré plus tard que sa campagne de 2012 n'avait pas coûté un centime au contribuable. La réalité est différente. Effectivement, l'État n'a pas procédé au remboursement public, mais les dons des personnes physiques étant défiscalisés à hauteur de 66 % de leur montant, c'est finalement une somme de l'ordre de 7 millions qui restera à la charge du contribuable. On relève donc une incohérence manifeste : à la suite d'une

1. En décembre 2014, pour mettre un terme aux polémiques, Nicolas Sarkozy avait décidé de rembourser à l'UMP le montant de l'amende payée par le parti.

faute, l'État refuse de payer mais, pour compenser ce refus, il en finance malgré tout les deux tiers, en quelque sorte à l'insu de son plein gré ! Il serait donc plus cohérent de prévoir que le non-versement de la participation de l'État ne peut pas être couvert par des dons défiscalisés.

Les primaires, Bygmalion et le président en exercice

L'élection présidentielle de 2012 a, en outre, été marquée par deux situations nouvelles, susceptibles de se reproduire en 2017.

La première concernait l'organisation de « primaires ouvertes » pour désigner le futur candidat du parti socialiste (en 2006, la situation était différente car la primaire du parti socialiste correspondait à un processus interne au parti qui en supportait le coût sur son budget).

En l'absence de toute législation, la position de la commission fut la suivante : les dépenses occasionnées pour l'organisation de la primaire et financées par le parti n'ont pas à figurer dans un compte de campagne. En revanche, les dépenses engagées auprès des électeurs pour son propre compte par le candidat désigné doivent figurer dans le compte. Ainsi, en 2012, François Hollande a mis dans son compte, au titre des dépenses engagées pendant la primaire pour faire sa propre promotion auprès des électeurs, une somme de 326 010 euros, avec les justificatifs. Mais il n'est pas facile de distinguer quelles sont les dépenses qui doivent figurer dans le compte de campagne. Là encore, il serait souhaitable que la loi clarifie le financement des primaires.

La seconde difficulté résultait de la présence d'un candidat président de la République en exercice sollicitant le renouvellement de son mandat. Comment faire la différence entre les dépenses du président, financées par la présidence de la République, qui n'ont pas à figurer dans le compte, et les dépenses électorales que le candidat finance par lui-même et qui sont inscrites dans le compte ?

La limite entre ces deux types de dépenses est délicate à fixer. En 2012, la commission a été attentive à relever les dépenses effectuées par le président de la République dans le cadre de ses fonctions, mais qui présentaient une tonalité électorale. Elle en a retenu plusieurs sans pouvoir toujours en chiffrer le coût, faute de réponses du candidat à ses questions, et devant l'impossibilité d'accéder au budget de la présidence qui avait financé ces manifestations.

En conséquence, la commission considérait que le compte de campagne de Nicolas Sarkozy n'était pas sincère. Au surplus, ces dépenses, non chiffrées, avaient été financées par une personne morale (l'Élysée), alors que ce type de financement est formellement interdit par la loi – ce qui en soi justifiait le rejet du compte. Appelé à se prononcer en appel, le Conseil constitutionnel n'a pas retenu cette position. Pour lui,

« la législation relative au financement des campagnes électorales n'a ni pour objet ni pour effet de limiter les déplacements du président de la République non plus que sa participation à des manifestations publiques s'inscrivant dans l'exercice de sa charge ; les dépenses relatives aux manifestations auxquelles il participe n'ont à figurer au compte de campagne que s'il apparaît que celles-ci ont revêtu un caractère manifestement électoral ». Autrement dit, seule une manifestation présentant un caractère électoral marqué, par exemple avec l'implication d'un parti politique dans son organisation, doit être retenue. En conséquence la CNCCFP conclut que cet énoncé des principes formulés par le Conseil constitutionnel s'imposera aux candidats et à la commission elle-même.

Mais il y a plus grave. Durant l'année 2014, la presse a fait état de dépenses supplémentaires qui ne figuraient pas dans le compte du candidat Sarkozy mais dans ceux de l'UMP, ce que l'on a appelé l'affaire « Bygmalion », du nom de la société de communication chargée d'organiser les meetings du candidat. Une instruction judiciaire a été ouverte. Aussi longtemps que le jugement n'a pas été prononcé, les coupables ne sont pas connus. Mais les investigations menées par les juges d'instruction, et dont les médias ont rendu compte[1], ont permis d'établir que 44 meetings organi-

1. En particulier l'émission *Envoyé spécial* du 29 septembre 2015 et l'ouvrage de Violette Lazard, *Bigmagouilles*, Stock, 2014.

sés par Nicolas Sarkozy ont coûté beaucoup plus cher qu'il n'est indiqué dans son compte de campagne. Que s'est-il passé ? Pour éviter de faire apparaître un dépassement du plafond autorisé, le coût des meetings figurant dans le compte a été sous-évalué. La différence a été supportée directement par l'UMP. Mais, pour que ces dépenses ne puissent pas être rattachées à la campagne électorale, la société a établi des factures correspondant à des manifestations internes au parti qui n'ont, en réalité, jamais eu lieu. Bref, elle a fabriqué des fausses factures pour pouvoir rentrer dans ses frais et régler les sous-traitants qui avaient effectué le travail. Si ce mécanisme est bien établi, selon les déclarations des intéressés et l'enquête judiciaire, il appartiendra à la justice d'établir les responsabilités, en particulier celle du candidat et de son équipe de campagne (directeur de campagne, mandataire du compte, expert-comptable).

Quoi qu'il en soit, on sait, aujourd'hui, que la campagne de Nicolas Sarkozy a coûté non pas 23 millions (montant établi par le Conseil constitutionnel, avec déjà un dépassement du plafond de 466 000 euros), mais plus de 40 millions ! Qu'un tel dépassement ait pu échapper à la CNCCFP soulève des questions sur son fonctionnement déficient[1]. Les vérificateurs travaillent sur les documents fournis par le candidat. Mais les

1. Dans un article paru sur le site Mediapart (24 juin 2015), la journaliste Mathilde Mathieu décrit en détails ces insuffisances.

multiples précisions et pièces justificatives manquantes qu'ils ont réclamées n'ont pas toujours été fournies de manière satisfaisante. Or, la commission est tenue de rendre sa décision au plus tard six mois après le dépôt du compte. Vient un moment où il faut conclure. Les vérificateurs n'ont pas les moyens – qualitatifs et quantitatifs – de vérifier la réalité des sommes indiquées. Pour tenter de remédier à cette difficulté, le législateur a autorisé la CNCCFP à faire appel à des experts dont le rôle consistera à vérifier la réalité des factures fournies.

En outre, pour améliorer la transparence sur les contributions des partis politiques, chaque compte devra désormais faire figurer en annexe les dépenses détaillées (avantages directs ou indirects, prestations de services, dons en nature) effectuées en faveur des candidats par les partis qui le soutiennent. Cette annexe sera rendue publique, ce qui permettra de vérifier qu'aucun événement n'a été omis. De plus, la commission pourra réclamer aux partis politiques les justificatifs de la dépense engagée. En quelque sorte, un amendement « anti-Bygmalion ».

3. Le remboursement par l'État (présidentielle et municipales)

Le remboursement d'une partie des dépenses électorales des candidats par l'État constitue seulement une partie du coût global de l'élection que j'ai établi pour les élections municipales et l'élection présidentielle.

En France, l'État organise et finance les élections. La propagande électorale officielle, c'est-à-dire les professions de foi, les bulletins de vote, les affiches officielles, toutes ces dépenses font l'objet d'une prise en charge forfaitaire par l'État sur la base de prix plafonds que les imprimeurs agréés choisis par les candidats doivent respecter[1]. Si l'imprimeur dépasse les plafonds par suite des exigences des candidats, le dépassement reste à la charge de ces derniers. La mise sous pli de ces documents est réalisée sous le contrôle des préfectures, soit en « régie », par du personnel en recherche d'emploi, encadré par des fonctionnaires de préfecture, soit concédé à des sociétés privées. Il faut compter aussi les locations de salle pour stocker le matériel et effectuer la mise sous pli. À ces dépenses s'ajoutent les indemnités pour travaux supplémentaires attribuées aux fonctionnaires qui ont supporté une charge de travail accrue. Le vote s'effectuant dans des bâtiments municipaux (mairies, écoles, gymnases), avec le concours de fonctionnaires municipaux (qui perçoivent une indemnité d'heures supplémentaires), il en résulte une dépense pour les communes, qui est compensée par l'État – les maires estimant cette compensation insuffisante. Pour l'élection présidentielle, l'organisation du scrutin à l'étranger dans les consulats est supportée par le ministère des Affaires étrangères. Enfin, la campagne

1. Pour les élections municipales, cette prise en charge est conditionnée par un score électoral de 5 % des suffrages exprimés.

radiotélévisée officielle – de moins en moins suivie, compte tenu de la multiplicité des émissions d'information – fait l'objet d'un coût estimé par les chaînes publiques. Le cumul de toutes ces dépenses permet de connaître la charge financière globale des élections pour l'État. Elle s'élève à 138 millions d'euros pour les élections municipales et à 208 millions pour l'élection présidentielle, comme le montrent les tableaux 3 et 4.

TABLEAU 3

Élections municipales. Coût pour l'État
(en millions d'euros)

	1995	*2001*	*2008*	*2014*
en euros courants	99	102	107	138
en euros constants (valeur 2015)	132	126	115	138

TABLEAU 4

Élection présidentielle. Coût pour l'État
(en millions d'euros)

	1995	*2002*	*2007*	*2012*
en euros courants	133	200	211	208
en euros constants (valeur 2015)	177	242	233	211

On constate, en prenant en compte l'inflation, que les dépenses diminuent.

L'évolution, entre 2008 et 2014, du financement public pour les municipales s'explique notamment par l'extension aux communes de 1 000 à 3 500 habitants du scrutin de liste (jusqu'alors réservé aux communes de plus de 3 500 habitants) et par l'obligation faite à tous les candidats de s'inscrire en préfecture, ce qui a occasionné une dépense supplémentaire de personnel.

Pour connaître le coût global des élections, il convient d'ajouter à la participation de l'État, les dépenses non remboursées, mais toutefois engagées par les candidats et les partis qui les soutiennent, soit 48 millions pour les élections municipales[1] et 56 millions pour l'élection présidentielle[2].

Au total, le coût de l'élection municipale s'élève à 186 millions, dont 138 pris en charge par l'État (74 %). De son côté, l'élection présidentielle coûte environ 264 millions, dont 208 pris en charge par l'État (79 %).

1. 39 millions dans les communes de plus de 9 000 habitants (source CNCCFP) et 9 millions dans les communes inférieures (estimation).

2. 38 millions officiellement, auxquels s'ajoutent les 18 millions de dépenses dissimulées.

GRAPHIQUE 5

Élections municipales de 2014
Détail de la prise en charge par l'État

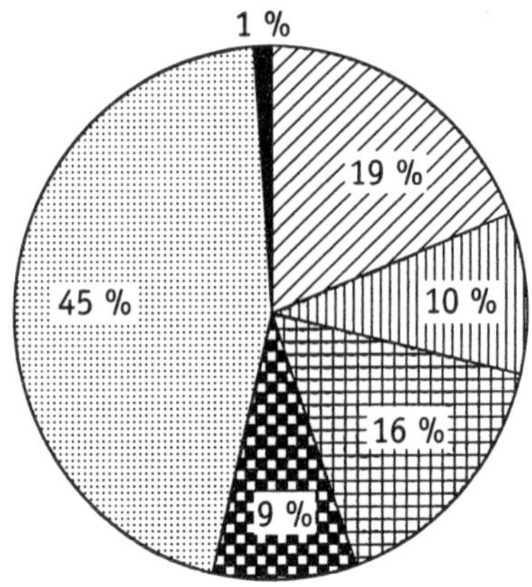

Propagande officielle · Mise sous pli · Frais d'acheminement
Subventions communes · Remboursement dépenses électorales
Divers

SOURCE. CNCCFP, Ministère de l'Intérieur, Assemblée nationale.

GRAPHIQUE 6

Élection présidentielle de 2012
Détail de la prise en charge par l'État

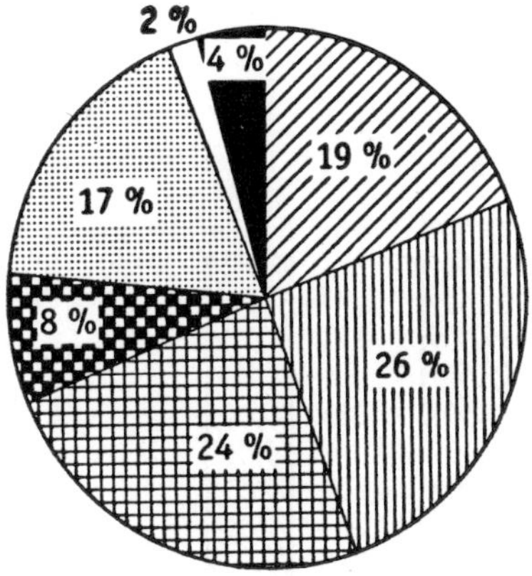

Propagande officielle / Mise sous pli / Frais d'acheminement / Subventions communes / Remboursement dépenses électorales / Étranger / Divers

SOURCE. CNCCFP, Ministère de l'Intérieur, Assemblée nationale.

Tel est le coût de la démocratie. Coût au demeurant modeste, pour l'État, puisqu'il correspond à une dépense moyenne de 2 euros par habitant pour les élections municipales et de 3,2 euros par habitant pour l'élection présidentielle, comme le montre le graphique 7 :

GRAPHIQUE 7

Coût des élections par électeur

(en euros)

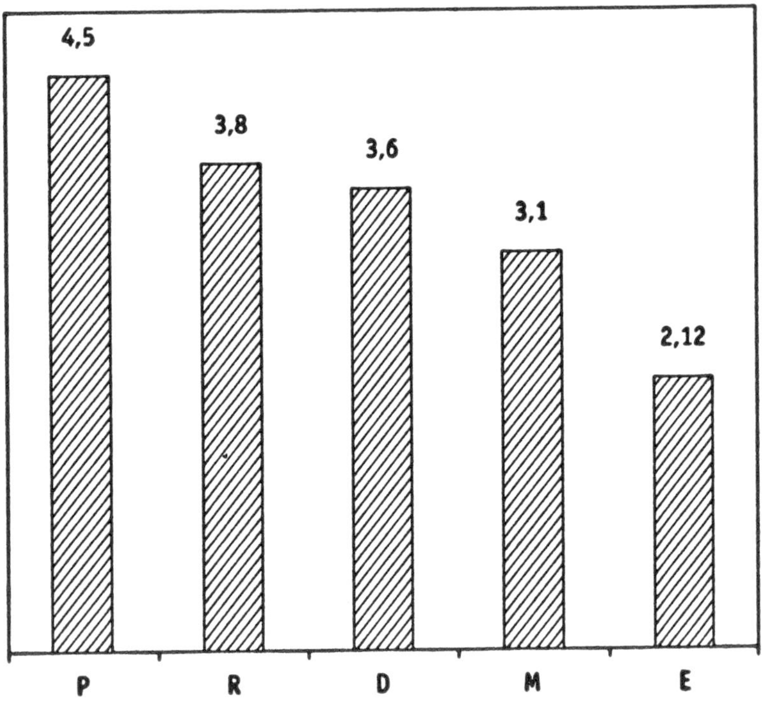

P Présidentielle de 2012
R Régionales de 2010
D Départementales 2015
M Municipales de 2014
E Européennes de 2014
SOURCE. Projet de loi de finances pour 2017.

L'analyse de ce coût par nature montre que la propagande électorale officielle (circulaires, bulletins, mise sous pli, envoi à domicile) constitue le poste prépondérant, suivi par le remboursement aux candidats d'une partie de leurs dépenses de campagne.

Soucieux de diminuer ce coût, le gouvernement propose, depuis plusieurs années, de remplacer l'envoi en format papier à domicile de la propagande électorale par sa mise en ligne sur un site internet public et la mise à disposition pour consultation, dans chaque mairie, d'une circulaire de chaque candidat. L'objectif est de réduire les coûts écologiques et budgétaires liés à l'organisation des élections (100 millions d'économies pour la présidentielle et 68 millions pour les législatives).

L'Assemblée nationale a refusé cette suppression de la propagande papier, en considérant que toute la population ne dispose pas d'un ordinateur et que l'envoi à domicile des engagements électoraux et des bulletins de vote constituait une incitation à aller voter. La démocratie a un coût et il faut le supporter, ont dit, en substance, la plupart des députés.

II

Ce que gagnent nos élus

L'élection remportée, que gagnent les élus ? Quand la télévision nous fait pénétrer dans les salons dorés des palais nationaux et nous montre le manège des voitures officielles dont les pneus font crisser le gravier, chacun est conforté dans l'idée du train de vie élevé des responsables politiques. Il est vrai que, trop longtemps, le silence et le secret ont régné dans ce domaine. La transparence s'impose peu à peu, pas toujours spontanément. Pourtant, les parlementaires ont aussi pour mission de vérifier que l'argent public, celui de nos impôts, est dépensé utilement et sans ostentation. S'ils sont aussi célèbres et visibles que les stars du spectacle, du sport et même des affaires, dont les dépenses luxueuses sont largement exposées dans la presse people, les élus du peuple mènent une vie moins tapageuse, soumise à de multiples contraintes et, surtout, plus économe.

1. Le président de la République

La rémunération désormais fixée

La scène se déroule au palais de l'Élysée, le lendemain de l'élection de Nicolas Sarkozy. Il convoque sa directrice de cabinet pour connaître sa rémunération. « 6 806 euros brut par mois, Monsieur le Président. » Étonnement du nouvel élu : « Tu es en train de me dire que, devenu président, je vais toucher moins que ministre et même moins qu'un secrétaire d'État ? – Absolument, Monsieur le Président. – Franchement, c'est surréaliste. Dis-moi : qui fixe le montant de mon salaire ? – C'est vous, Monsieur le Président. Vous me donnez un chiffre. Je transmets la consigne au trésorier-payeur général. – Il est hors de question que mon salaire soit en baisse par rapport à celui que je touchais à Beauvau [siège du ministère de l'Intérieur]. – Très bien, Monsieur le Président[1]. »

On comprend la stupéfaction du président nouvellement élu. Qu'il décide lui-même de son traitement paraît incroyable !

Quand le général de Gaulle fonde la Ve République, en 1958, il ne prévoit aucune disposition financière concernant la présidence, *a fortiori* pour le traitement de son premier occupant. Il est alors décidé que le président disposera du traitement d'un conseiller d'État

1. *In* Didier Hassoux et Renaud Dély, *Sarkozy et l'Argent roi*, Calmann-Lévy, 2008.

en service ordinaire, sans les primes, et que le montant sera prélevé sur la dotation que le Parlement vote, sans débat, pour le fonctionnement de l'Élysée. Ses successeurs se garderont bien de modifier cette « tradition », de sorte qu'en 2007 Jacques Chirac gagnait officiellement 6 806 euros, auxquels s'ajoutait une indemnité de 966 euros, soit une rémunération nette de 7 084 euros, soumise en totalité à l'impôt sur le revenu. En réalité, cette somme n'était pas autre chose que de l'argent de poche puisque, durant son mandat, la totalité des dépenses du président était prise en charge par le budget de l'Élysée. La réalité de la fonction présidentielle rend difficile une séparation étanche entre vie privée et vie publique, la confusion des dépenses se fait donc « naturellement ». À partir de mai 2007, le nouveau président, Nicolas Sarkozy, fait donc passer la rémunération du président à 14 200 euros, montant du traitement d'un ministre, fixé, lui, par une loi de 2002. Mais personne n'est informé de cette augmentation. À la fin de l'année, dans le cadre de la loi de finances 2008, le gouvernement propose de compléter la loi de 2002 : le président de la République percevra désormais un traitement égal à celui du Premier ministre, c'est-à-dire, à ce moment-là, 20 558 euros (brut mensuel) (soit 19 331 euros net).

Cette augmentation suscite un véritable tollé. D'abord la méthode utilisée est choquante : l'amendement a été déposé quelques heures avant la séance sans que personne n'ait eu le temps de l'étudier, de le discuter, de le faire connaître aux citoyens. Ensuite, personne n'ayant été informé de la décision prise en mai par Nicolas Sarkozy, ni de la manière dont elle a été prise, les médias calculent l'augmentation par rapport au traitement de Jacques Chirac, soit + 168 %, chiffre considérable aux yeux des Français. Le président va payer, en impopularité, le silence observé depuis son élection sur sa rémunération.

Pour ma part, j'ai approuvé cet amendement, car, depuis plusieurs années, je dénonçais l'anomalie que constituait la situation antérieure et réclamais que la rémunération du président soit fixée par la loi. Je tenais à rester cohérent. Quant au montant de cette rémunération, il était de la seule responsabilité présidentielle. Toutefois, dès lors que la loi fixait le traitement du président, je soulignais qu'à l'avenir le président devrait financer ses dépenses privées avec son traitement, le budget de l'Élysée étant réservé aux dépenses publiques. De fait, l'année suivante, le budget de la présidence faisait apparaître, en recettes, un remboursement des dépenses privées qui, jusque-là et par coutume, avaient été prises en charge par les fonds publics.

À son arrivée à l'Élysée en 2012, François Hollande décide d'appliquer une de ses promesses électorales : réduction de 30 % du traitement du président[1] qui, de ce fait, s'élève en 2016 à 14 999 euros (brut mensuel), soit 13 755 euros en net. Cette décision, peu banale,

1. Et de celui des ministres, voir p. 85.

manifeste la volonté d'une présidence plus modeste dans son train de vie, qui doit, à son niveau, participer aux économies réclamées aux Français. Sa mise en œuvre cependant n'a pas été simple et a suscité une polémique sur le Net. Si la diminution figure dans la loi de finances rectificative votée en juillet 2012 par la majorité, elle est cependant annulée, le 9 août, par le Conseil constitutionnel au motif, non explicité, qu'elle ne respecte pas la séparation des pouvoirs, principe essentiel de toute démocratie. Autrement dit, le Parlement ne peut pas fixer le traitement du président, du Premier ministre et des ministres, décision qui appartient au seul exécutif. Aussitôt dit, aussitôt fait : le 23 août, un décret présidentiel – publié au *Journal officiel* – reprend les dispositions qui figuraient dans la loi de finances rectificative, en les rendant applicables rétroactivement au 15 mai 2012. Tout est bien qui finit bien ? Pas tout à fait, car la décision du Conseil constitutionnel signifie qu'il appartient au président de déterminer lui-même son traitement, ce qui revient finalement à la situation antérieure. La seule différence réside dans la publicité entourant cette décision, avec sa publication au *Journal officiel*.

Le président dispose, gratuitement, d'un logement de fonction à l'Élysée et d'une résidence secondaire à Versailles, le pavillon La Lanterne, situé dans le parc du château. Pour ses déplacements privés, il est autorisé à utiliser un avion de la flotte gouvernementale (généralement un Falcon 7X), pour des raisons de sécurité et parce qu'il est toujours accompagné d'agents et d'un personnel de soutien. Dans ce cas, il rembourse à l'État une participation forfaitaire calculée par référence au coût d'un billet sur une ligne régulière. Ainsi, en 2015, il a remboursé une somme de 3 191 euros[1].

La retraite : dotation et avantages

En 1955, une loi a fixé le montant de la dotation de retraite de tout ancien président de la République. Dotation et non pas pension, car la somme est la même quels que soient la durée de la présidence et l'âge du départ. Le montant correspond au traitement indiciaire brut d'un conseiller d'État en service ordinaire, soit, en 2016, 65 000 euros brut par an (56 000 euros net). En cas de décès, la moitié de cette dotation est reversée à la veuve.

De plus, le général de Gaulle avait fait inscrire dans la Constitution que les anciens présidents de la République sont membres de droit, et à vie, du Conseil constitutionnel, ce qui leur permet de bénéficier de la rémunération attachée à cette fonction, soit 172 000 euros brut par an (153 000 euros net). À condition d'y siéger, bien entendu. Ainsi, lorsque la santé de Jacques Chirac s'est détériorée au point qu'il a dû renoncer à siéger, le président du Conseil consti-

1. Cette disposition concerne également le Premier ministre. Elle est liée à leurs responsabilités respectives, président et Premier ministre disposant d'une protection permanente et des moyens de communication nécessaires à l'exercice de leurs fonctions.

tutionnel a interrompu le versement de cette indemnité – ce qui a beaucoup fâché Bernadette Chirac.

Outre ces rémunérations, l'ancien président bénéficie d'avantages matériels importants. À la demande de Valéry Giscard d'Estaing, alors seul ancien président vivant, le Premier ministre Laurent Fabius, sur instructions du président Mitterrand, a défini, dans une lettre personnelle « valant décision » en date du 8 janvier 1985 « un certain nombre de règles fixant de manière permanente le statut dans la nation des anciens présidents de la République ». Cette lettre est demeurée secrète jusqu'en 2010, date à laquelle j'ai pu en obtenir une copie, rendue aussitôt publique[1]. Elle précise les avantages dont disposent les anciens présidents : un appartement de fonction, meublé et équipé, incluant maintenance et charges, y compris le téléphone avec deux personnes affectées au service ; une voiture de fonction avec deux chauffeurs affectés ; la gratuité des déplacements dans la meilleure classe quel que soit le mode de transport utilisé ; un cabinet de sept personnes qu'il choisit lui-même et dont les rémunérations (traitements et indemnités) sont prises en charge par l'État. Enfin sa sécurité rapprochée et celle de son domicile sont assurées par des fonctionnaires de police et de gendarmerie. Aucune limite dans le temps n'est fixée.

Une fois connues ces dispositions, il m'importait d'en chiffrer le coût, ce qui m'a pris plusieurs années, le

1. Voir René Dosière, *L'Argent de l'État*, Seuil, 2012, p. 279.

financement étant réparti sur plusieurs ministères. En avril 2016, je suis parvenu à évaluer à 10 millions d'euros par an le coût des trois anciens présidents vivants, à savoir 3,9 millions pour Valéry Giscard d'Estaing ; 3,3 millions pour Nicolas Sarkozy et 2,4 millions pour Jacques Chirac[1].

Au même moment, un rapport demandé par le président de la République au Premier président de la Cour des comptes et au vice-président du Conseil d'État a confirmé ces chiffres. Le rapport formule un ensemble de propositions dont certaines ont été reprises dans un décret présidentiel « relatif au soutien matériel et en personnel apporté aux anciens présidents de la République[2] ». Ce texte fournit – enfin – une base juridique à ces dispositions, et son mérite principal consiste à rendre dégressifs dans le temps les avantages consentis. Au bout de cinq ans[3], le nombre de personnels de cabinet est réduit de moitié. Et les frais de déplacement et de réception sont désormais remboursés sur justificatifs. Enfin, les veuves des anciens présidents ne bénéficient plus d'aucun avantage. Si l'on considère le temps qui a été nécessaire pour y parvenir, on mesure que ces changements ne sont pas anodins.

1. Les différences entre les trois anciens présidents sont liées au coût de la protection, par la gendarmerie, de leur résidence secondaire ; du loyer, plus ou moins élevé, de leur logement de fonction ; de la qualification du personnel affecté à leur service et, plus généralement, de leur train de vie.

2. Voir annexe 1, p. 247.

3. Pour les anciens présidents actuels, ce délai court à partir d'octobre 2016.

Le rapport émet par ailleurs une suggestion qu'il serait facile d'appliquer : faire figurer dans un même document budgétaire soumis au Parlement le coût global des avantages accordés aux anciens présidents[1].

Pourquoi financer les anciens présidents ?

Reste une question non traitée, faute d'un débat à l'Assemblée : est-il nécessaire de maintenir cette prise en charge des anciens présidents ?

Pour ma part, je réponds sans hésitation « oui ». Le président de la République française accomplit, durant son mandat, une tâche essentielle, celle d'assurer la place de la France dans le monde. À ce titre, il rencontre de nombreux chefs d'État étrangers, négocie les traités internationaux et engage nos forces armées quand c'est nécessaire. Il acquiert de ce fait une connaissance approfondie des dossiers et des personnes. À l'issue de son mandat, il peut encore rendre de grands services à la France – pour peu qu'on veuille bien mettre à profit son expérience. Par ailleurs, il doit classer ses documents et dossiers personnels avant de les verser aux Archives nationales. Il est légitime que lui soient accordés les moyens nécessaires. Cependant, les maintenir « à vie » n'aurait guère de sens. Pour ma part, un délai de cinq ans au maximum me semble

1. Voir Matthieu Caron, « Le décret du 4 octobre 2016 relatif au statut des anciens présidents de la République : entre transparence et fait du prince », *AJDA*, n° 41, 5 décembre 2016.

suffisant. Au-delà, seuls les moyens de déplacement et bien évidemment la protection en matière de sécurité qui s'avéreraient pertinents me paraissent nécessaires. Le rapport évoquait également la rémunération des anciens présidents, dans le cas où ils ne seraient plus membres de droit du Conseil constitutionnel. Il proposait de leur accorder une pension égale à 80 % du traitement du président en exercice, soit 12 000 euros (brut mensuel), ce qui représentait une diminution d'un tiers par rapport aux revenus actuels.

Bien entendu, les anciens présidents bénéficient, par ailleurs, des pensions de retraite accordées au titre des activités professionnelles et électives exercées avant leur entrée en fonctions. Ainsi, lorsque François Hollande ne sera plus à l'Élysée, ses revenus s'élèveront à 15 100 euros par mois[1].

TABLEAU 5

Les revenus mensuels nets de François Hollande, ancien président
(en euros)

Cour des comptes	3 473
pension d'élu local	235
pension parlementaire	6 208
ancien président	5 184
Total	**15 100**

1. Lettre de la directrice de cabinet de François Hollande à l'auteur le 9 décembre 2014.

À cette somme, il convient d'ajouter un capital unique de 545 euros au titre de ses activités d'enseignement à l'Institut d'études politiques de Paris et une pension annuelle de 168 euros au titre de ses activités d'avocat. François Hollande a déjà précisé qu'il ne siégerait pas au Conseil constitutionnel, en cohérence avec la réforme qu'il a proposée, mais qui n'a pas été discutée.

2. Les ministres

Rémunérés comme des hauts fonctionnaires

Jusqu'en 2002, aussi incroyable que cela puisse paraître, le traitement des ministres n'était pas connu. En effet, à leur traitement officiel (7 800 euros brut par mois, 6 745 euros net) s'ajoutait une somme versée en argent liquide, en provenance des fonds secrets. Bien entendu, cette somme non déterminée était également soustraite à l'impôt. Les ministres de la République française étaient ainsi, pour une part, payés au « noir » ! Chaque mois, le chef de cabinet du Premier ministre distribuait à ses homologues des différents ministères des mallettes remplies de billets neufs en provenance de la Banque de France. Quelle était la somme attribuée aux ministres ? Inconnue, et variable d'un portefeuille à l'autre.

Dans la pratique, il est assez difficile de savoir, de façon sûre, l'usage que chaque cabinet faisait de sa mallette. Le ministre pouvait répartir les sommes entre tous les membres de son cabinet, ou en conserver par-devers lui une grande partie, voire la totalité ! Quoi qu'il en soit, ce système existait depuis 1947 et, pendant longtemps, personne n'y trouva à redire. Il faut attendre Lionel Jospin, Premier ministre, pour casser ce système particulièrement opaque. À partir du 1er janvier 2002, il est donc mis fin à cette distribution occulte *via* les fonds secrets. Depuis, les membres des cabinets perçoivent une indemnité de sujétion particulière (ISP) soumise, bien sûr, à l'impôt. Et les ministres ? Oubliés ! Le gouvernement de Lionel Jospin s'est arrêté en chemin, en ne traitant pas le cas des ministres, à la veille des élections du printemps 2002.

Jacques Chirac, réélu, nomme Jean-Pierre Raffarin au poste de Premier ministre. Ce dernier dispose d'une majorité confortable à l'Assemblée nationale. Quant aux ministres de son gouvernement, ils découvrent leurs nouvelles conditions matérielles. Bien évidemment, ceux qui ont connu le système ancien ne sont pas contents. La solution est évidente : il faut augmenter le traitement des ministres. Mais la mesure risque d'être mal perçue par l'opinion publique. Aussi, à l'occasion de la discussion de la loi de finances rectificative[1], en juillet, va commencer une espèce de bal des faux-culs. Tout le monde réclame la revalorisation, mais

1. Pour mettre en œuvre ses priorités, tout nouveau gouvernement modifie la loi de finances votée par son prédécesseur en présentant une loi de finances rectificative.

personne ne veut en prendre l'initiative. Finalement, il reviendra au Parlement de se saisir de la question. Évoquée au Sénat par Michel Charasse, ancien ministre du Budget de François Mitterrand, la rémunération des ministres fait l'objet d'un accord entre les parlementaires des deux chambres, ce qui évite un vote spécifique à l'Assemblée. « Le gouvernement n'est pas demandeur », déclare – sans rire – le Premier ministre qui, de ce fait, « s'en remet à la sagesse de l'Assemblée ». C'est ainsi que les ministres ont été augmentés « à l'insu de leur plein gré ». La décision, intervenue la nuit du 1er août, ne mobilise pas les Français, pour beaucoup en vacances. La mesure était nécessaire. Comme l'exprime, le lendemain, l'éditorial du *Figaro* : « Les Français sont réalistes : offrir un bon salaire aux hommes politiques, n'est-ce pas garantir que le métier ne sera la chasse gardée ni des coquins ni des héritiers fortunés. En politique aussi il faut payer mieux pour attirer les meilleurs. » Quoi qu'il en soit, c'est un net progrès dans la moralisation et la transparence de l'usage des fonds publics.

La rémunération des ministres est désormais calculée par référence au traitement des hauts fonctionnaires. Elle comporte une indemnité de base, une indemnité de résidence, toutes deux imposables depuis 1993, et une indemnité de fonction, qui deviendra imposable à partir de 2017. Soit à l'époque, une somme globale de 170 000 euros par an pour un ministre et 254 000 euros pour le Premier ministre (qui bénéficie d'une majoration de 50 %). Ce texte, on l'a vu, servira de référence, en 2007, pour fixer la rémunération du président de la République au même niveau que celle du Premier ministre.

À l'été 2012, conformément à l'engagement de François Hollande, ces rémunérations sont diminuées de 30 %. En conséquence, le traitement du Premier ministre passe à 14 164 euros mensuels, celui d'un ministre à 9 940 euros et celui d'un secrétaire d'État à 9 443 euros. Toutefois, certains ministres peuvent gagner plus lorsqu'ils pratiquent le cumul avec des mandats locaux. Cependant, un plafond est fixé à 21 000 euros. On aboutit à ce paradoxe que les ministres à temps partiel (puisque partageant leur temps ministériel avec des fonctions locales) sont mieux payés que les ministres à temps complet ! Ayant relevé cette anomalie, je vais m'efforcer d'y mettre un terme. Dans un premier temps (en 2011), le plafond est abaissé : au titre de ses mandats locaux un ministre ne peut percevoir plus de 2 700 euros mensuels. Dans un second temps, après l'élection de François Hollande, les ministres sont tenus de renoncer à leurs fonctions exécutives locales (maires, président du conseil départemental) afin de se consacrer entièrement à leur fonction ministérielle, ce qui leur fait perdre ces 2 700 euros. Ainsi, en deux ans, la rémunération maximale d'un ministre est passée de 21 000 euros à 9 900 euros ! C'est un effort tout à fait significatif, mais fragile, car ce non-cumul n'est pas une obligation, mais une simple pratique susceptible d'être remise en cause par un autre président[1].

La déclaration de patrimoine

Après son départ, le traitement d'un ancien ministre est maintenu pendant trois mois[2]. Ce délai était de six mois depuis 1958. En 2013, cette période a été réduite à trois mois. Je précise par ailleurs qu'il n'existe pas de retraite d'ancien ministre[3]. De plus, quand il quitte ses fonctions gouvernementales, un ministre qui souhaite rejoindre une société privée doit obtenir le feu vert de la Haute Autorité pour la transparence de la vie publique (HATVP) qui vérifie que l'entreprise n'était pas soumise à la surveillance ou au contrôle du ministre, auquel cas l'interdiction vaut pour une période de trois ans. Au cours du quinquennat qui vient de s'écouler, plusieurs dispositions ont été adoptées afin de garantir l'exemplarité dont les ministres doivent faire preuve. Elles figurent dans une loi de 2013, concernant la transparence de la vie publique.

1. Du fait des circonstances, François Hollande a accepté une seule exception à cette règle : le ministre de la Défense, Jean-Yves Le Drian, est en même temps président du conseil régional de Bretagne. L'interdiction du cumul pour les ministres exige une modification d'un article de la Constitution.

2. Un parlementaire nommé ministre retrouve, à son départ, son mandat et la rémunération correspondante, ce qui lui interdit de bénéficier de son traitement ministériel.

3. Un parlementaire nommé ministre continue à cotiser pour sa retraite parlementaire pendant la durée de ses fonctions ministérielles.

Dès sa nomination, la situation financière du ministre est analysée par l'administration fiscale à la demande de la HATVP. C'est ainsi que, huit jours après sa nomination, un nouveau ministre a dû démissionner faute d'être en règle avec l'administration fiscale. Les ministres doivent par ailleurs remplir une déclaration de patrimoine qui est rendue intégralement publique. Ce sont les seuls responsables politiques dans ce cas, puisque le patrimoine des parlementaires ne peut être consulté qu'en préfecture (avec interdiction de publication) et que celui des élus locaux demeure totalement confidentiel. Cette déclaration de patrimoine qui doit être « exhaustive, exacte, sincère et certifiée sur l'honneur » est vérifiée par la Haute Autorité qui a déjà démontré son efficacité en « épinglant » les déclarations incomplètes de deux ministres, dont l'une a été sanctionnée par la justice. Pour exercer ce contrôle, la HATVP dispose du concours de l'administration fiscale. À leur départ du ministère, une nouvelle déclaration permet à la HATVP de vérifier que l'évolution du patrimoine durant cette période a été normale. Si des anomalies apparaissent entre les deux déclarations, la Haute Autorité publie ses observations au *Journal officiel* et transmet le dossier à la justice.

Les ministres sont tenus de faire une seconde déclaration, elle aussi rendue publique, indiquant les intérêts détenus à leur nomination et dans les cinq années précédentes. Il s'agit d'éviter que le ministre s'occupe d'un secteur où il avait des intérêts. Enfin, pendant la période où il siège au gouvernement, il doit confier la gestion de son patrimoine mobilier (actions, obligations) à un intermédiaire agréé, sur la base d'un mandat garantissant qu'il ne pourra intervenir dans cette gestion.

Toutes ces mesures ont pour objet de renforcer le lien de confiance qui doit exister entre les citoyens et les membres du gouvernement, en garantissant la probité et l'exemplarité des ministres. Avant que ces dispositions ne figurent dans la loi, le président de la République a demandé en 2012 à chaque ministre de signer, à son entrée au gouvernement, une charte de déontologie qui s'est révélée, à l'usage, d'une application variable. Les recommandations concernant la solidarité et la collégialité se sont fracassées devant les ambitions personnelles. On se souvient ainsi de l'avenir du site sidérurgique de Florange ou du dossier du futur aéroport de Notre-Dame-des-Landes : dans chaque cas, le ministre concerné n'hésite pas à contredire publiquement son Premier ministre !

En revanche, les dispositions concernant l'impartialité ont tenu bon : ainsi les ministres s'abstiennent de donner suite à toute invitation pour un séjour privé émanant d'un gouvernement étranger ou de personnes physiques et morales dont l'activité est en relation avec leur département ministériel ; ils remettent au service des domaines les cadeaux d'une valeur supérieure à 150 euros. Enfin, s'agissant des déplacements, les ministres doivent privilégier le train lorsque la durée du voyage est inférieure à trois heures. L'utilisation beaucoup moins fréquente de l'avion confirme que c'est bien le cas. Cependant, il est plus difficile de vérifier si les déplacements automobiles s'effectuent dans la discrétion et le respect des règles du code de la route. Au moins peut-on penser que la consigne a été transmise aux chauffeurs…

Le logement du ministre

En matière de logement, un certain flou a longtemps existé qui a facilité quelques dérives. Il a donc été nécessaire de préciser les modalités d'attribution des logements ministériels.

Concernant les ministères qui possèdent un logement de fonction, le Premier ministre précise qu'ils « sont équipés et meublés en mobilier national. Le mobilier demeure affecté au logement de fonction domanial et ne doit en aucun cas servir à meubler, fût-ce provisoirement, un appartement pris à bail. Il n'est pas exigé un inventaire du mobilier à l'entrée et au départ de l'occupant. Un ancien ministre ne saurait conserver, en cette qualité, un logement de fonction[1] ». En tout état de cause, aucun autre logement n'est mis à sa disposition sur fonds publics. Deuxième solution : le ministre peut préférer loger à ses frais dans son propre appartement. C'était, par exemple, le cas de

1. Question 79172, *JO* de l'AN le 3 août 2010. À cette date, 13 ministres sur 31 disposaient d'un logement de fonction.

l'ancien Premier ministre, Manuel Valls, qui disposait pourtant à Matignon d'un vaste logement (213 m^2), mais particulièrement peu fonctionnel et nécessitant un profond réaménagement, comme j'ai pu le constater lorsque son prédécesseur, François Fillon, m'a invité à le visiter. Enfin lorsque le ministère ne comporte pas de logement domanial, il revient au ministre, dès lors qu'il n'occupe pas déjà un logement personnel à Paris, de louer, à ses frais, un appartement à sa convenance.

Dans tous les cas, la taxe d'habitation demeure à la charge personnelle du ministre, comme l'a décidé François Fillon, à son arrivée à Matignon en 2007. De même, en vertu de la charte de déontologie gouvernementale, les ministres disposant d'un logement de fonction déclarent aux impôts l'avantage en nature correspondant. Il apparaît que la situation immobilière des ministres est loin d'être égalitaire, certains logements domaniaux étant parfois sommaires. Si les ministères disposent de locaux prestigieux, de pièces de réception dorées et meublées par le Mobilier national, le décor des logements de fonction est plus modeste.

3. Les députés

Le train de vie du député

Élu, le député n'est pas un individu solitaire, mais le patron d'une « petite entreprise de service public » dont le financement est assuré par l'Assemblée nationale.

La rémunération privée du député est fixée par une ordonnance de 1958. Elle s'élève, au 1er juillet 2016, à 7 142 euros brut par mois. Cette somme correspond à l'indemnité parlementaire de base (5 547 euros), à laquelle s'ajoutent une indemnité de résidence (166 euros) et une indemnité de fonction (1 428 euros). Ce montant correspond à la moyenne des traitements de la haute fonction publique. Si l'indemnité parlementaire évolue au même rythme que les traitements de la fonction publique, elle s'en différencie du fait qu'elle n'est pas majorée par des indemnités diverses, liées à l'ancienneté ou à l'activité. Une fois enlevées les cotisations sociales obligatoires, la rémunération nette s'élève à 5 755 euros mensuels (y compris l'indemnité de fonction). Les Français sont nombreux à considérer que ce chiffre est (trop) élevé. Pour en juger, il convient donc de s'interroger précisément sur ce qu'est l'indemnité parlementaire. Elle existe depuis la Révolution française, à l'exception de la période de la Restauration (1815-1848), où seules les personnes fortunées pouvaient être élues, et du régime autoritaire (1940-1944) de Vichy. Elle constitue un facteur essentiel de la démocratisation de la vie politique. Car elle permet à tout citoyen, quelle que soit sa situation de fortune, d'entrer au Parlement, et garantit aux élus de la nation les moyens de se consacrer en toute indépendance à leurs fonctions. Elle existe dans les pays démocratiques à un niveau comparable (voir tableau 6). L'appréciation que chacun porte sur son montant varie en fonction de sa propre rémunération, ce qui est bien naturel. Quoi qu'il en soit, elle correspond à un traitement de cadre supérieur, soit deux fois et demie le salaire moyen des Français, mais trois fois moins que la rémunération élevée moyenne des secteurs public et privé[1]. Les indemnités de base et de logement sont, depuis le 1er janvier 1993, soumises à l'impôt sur le revenu. À partir de 2017, l'indemnité de fonction sera également soumise à l'impôt, comme je le préconisais depuis plusieurs années.

En effet, les députés disposent, par ailleurs, d'une indemnité particulière pour faire face aux frais spécifiques liés à l'exercice de leur mandat, en particulier la location d'un (ou plusieurs) local de circonscription qu'il faut équiper et entretenir, l'hébergement à Paris une partie de la semaine, les frais de déplacements en voiture dans la circonscription pour assister aux diverses manifestations et rencontrer les habitants, etc. Cette indemnité représentative de frais de mandat (IRFM) s'élève à 5 311 euros net par mois (après prélèvement de la CSG). Cette somme n'est pas soumise à l'impôt, puisqu'elle correspond à des frais

1. En 2007, l'INSEE précise que les très hauts salaires bruts du privé (hors rémunérations du CAC 40, des artistes et des sportifs de haut niveau dont les montants sont tout à fait déraisonnables et scandaleux) s'élèvent à 216 000 euros par an (pour un effectif de 133 000 personnes). Dans le secteur public, 1 200 hauts fonctionnaires ont un salaire supérieur à 125 000 euros. Quant aux non-salariés, 160 000 gagnent plus de 164 000 euros annuels (*INSEE première*, n° 1288, avril 2010).

professionnels. Son utilisation suscite de multiples critiques, liées au fait que les dépenses n'ont pas à être justifiées, comme c'est le cas pour la plupart des salariés du secteur privé. Pour ma part, j'ai décidé de rendre public l'usage que j'en fais, en fournissant, en 2009 et en 2014, sur mon blog, le détail des dépenses effectuées (voir graphique 8). Cette initiative a été suivie par plusieurs députés.

TABLEAU 6

Rémunération mensuelle des députés dans divers Parlements

(en euros)

	Assemblée nationale (F)	*Chambre des communes (GB)*	*Bundestag (D)*	*Parlement européen (UE)*	*Chambre des représentants (EU)*
Indemnités (mensuel brut)	7 100	6 470	7 668	7 957	11 072
Prise en charge des frais	5 770	3 666 (moyenne)	4 123	4 299	30 020 (moyenne)
Crédit collaborateurs	9 504	14 000 (environ)	15 580	21 209	60 200

SOURCE. Rapport public du déontologue de l'AN, novembre 2013.

GRAPHIQUE 8

Utilisation de l'indemnité représentative de frais de mandat (IRFM) du député René Dosière, en 2014 et en 2009

(en %)

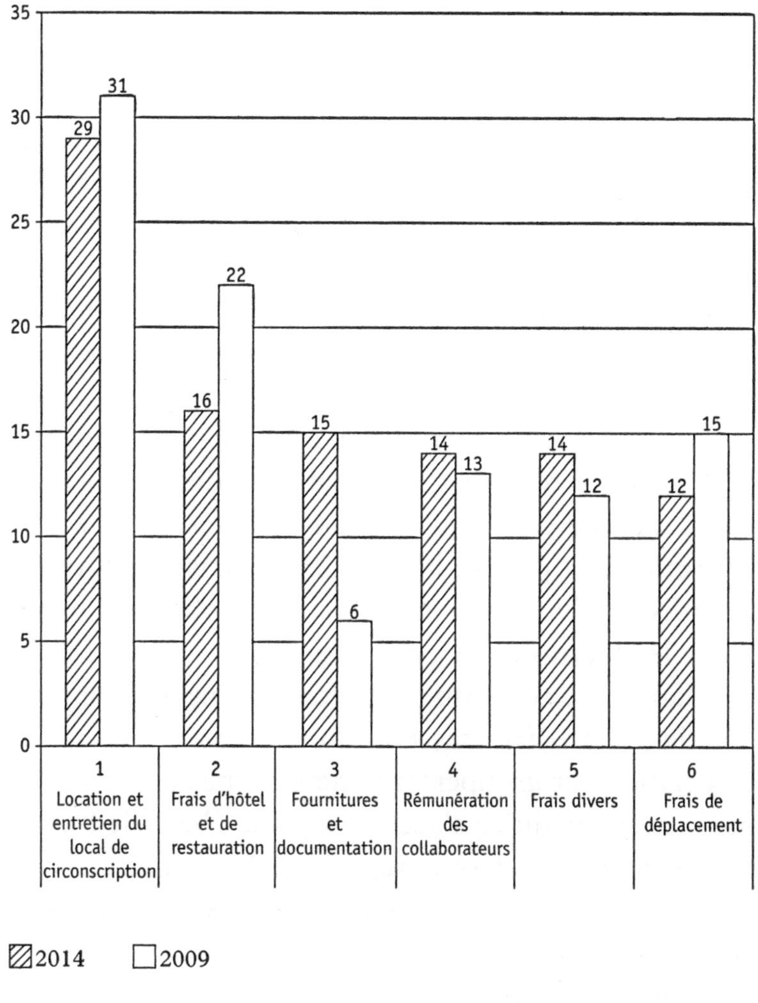

Quant à l'absence de contrôle par l'administration fiscale, elle se justifie pleinement en vertu de la séparation des pouvoirs entre le législatif et l'exécutif, qui constitue une règle fondamentale d'un régime démocratique. S'il en était autrement, on imagine sans difficulté les initiatives que prendrait un pouvoir exécutif désireux d'éliminer un député d'opposition trop entreprenant ! Par ailleurs, l'activité du député peut le conduire à rencontrer des personnes dont l'identité doit demeurer secrète et à effectuer des dépenses qui n'ont pas vocation à être rendues publiques. Sous cet aspect, chacun doit admettre que le député n'est pas tout à fait un individu ordinaire. Toutefois l'IRFM n'échappe pas à tout contrôle interne. Ainsi, en 2015, à la suite d'une étude approfondie menée par l'Association pour une démocratie directe[1] sur l'utilisation à des fins personnelles de cette IRFM par certains députés, le bureau de l'Assemblée a précisé la liste des dépenses autorisées, interdisant l'achat de tout bien immobilier. De son côté, le déontologue de l'Assemblée – dont l'indépendance est reconnue – précise, dans ses rapports d'activité, les dépenses interdites : ainsi les dons aux associations et groupements ne sont pas autorisés, en particulier lorsqu'ils s'accompagnent d'une déduction fiscale. Dans son dernier rapport (30 novembre 2016), le déontologue formule plusieurs recommandations

1. BP 9 – 47360 Prayssas.

concernant l'utilisation de l'IRFM. Je propose que, dans la prochaine législature, un contrôle de l'usage de l'IRFM soit confié au déontologue qui sera en fonction.

Le bureau du député

L'enveloppe financière réservée exclusivement à la rémunération des collaborateurs du député s'élève à 9 501 euros par mois[1]. Son montant, fixé par le bureau de l'Assemblée, a été revalorisé en 2002 et en 2013. Elle peut, si nécessaire, être complétée par un prélèvement sur l'IRFM. L'affectation de collaborateurs est une innovation qui date de novembre 1975. Elle est l'œuvre du président Edgar Faure, sensibilisé par des députés de retour d'une mission aux États-Unis, impressionnés par les moyens mis à la disposition des parlementaires américains. Dès le mois d'avril 1976, par décision du bureau, un crédit est attribué aux députés pour leur permettre d'embaucher un ou deux collaborateurs par contrat de droit privé. À l'initiative du président Chaban-Delmas, ce crédit est doublé par décision du bureau du 10 mai 1979, ce qui permet, le cas échéant, d'employer une troisième personne. Les collaborateurs sont recrutés librement par le député qui est donc leur employeur. En 2015, on en recense 2 133, certains à temps partiel. Les trois quarts des

1. Les charges patronales sont supportées, directement, par l'Assemblée.

députés emploient deux ou trois collaborateurs. Aux extrêmes, cinq députés ne disposent que d'un seul collaborateur, et cinq autres de sept ! Leur rémunération est librement fixée par le député, mais ne peut être inférieure au SMIC. Enfin lorsqu'il s'agit d'un emploi familial (conjoint, pacsé, ascendant ou descendant), ce que l'on constate chez un député sur six, la rémunération, pour un temps plein, ne peut dépasser la moitié du crédit global.

La plupart de ces collaborateurs travaillent dans la circonscription pour aider le député à faire face à ses nombreuses sollicitations. Ceux qui demeurent à Paris s'investissent davantage dans les travaux parlementaires.

En plus de ces diverses sommes, l'Assemblée prend directement en charge, sur son budget, d'autres dépenses. Ainsi les déplacements aériens et ferroviaires. Les députés élus en métropole disposent, par année, de 40 voyages allers et retours (80 passages) entre Paris et l'aéroport desservant leur circonscription. Les autres ont la faculté d'effectuer 6 déplacements aériens en métropole par année. Pour les déplacements ferroviaires, deux possibilités sont offertes : soit l'utilisation d'une carte de circulation valable sur l'ensemble du réseau SNCF (315 députés) ; soit, pour ceux qui utilisent moins le train, l'usage d'une carte demi-tarif, avec un remboursement ultérieur par l'Assemblée (261 députés). Pour les déplacements dans Paris, les députés utilisant fréquemment le métro disposent d'une carte de transport (460 députés dont 54 Franciliens). Quant aux dépenses de taxi, elles sont plafonnées à 2 750 euros par an et par député. Enfin, les députés peuvent utiliser l'une des douze voitures du parc (avec chauffeur). À ce sujet, il est utile de préciser que les députés ne disposent pas de voiture de fonction. Seules les « personnalités » (vice-présidents, questeurs, présidents de commissions et de groupes) en disposent, soit 32 personnes au total[1]. Concernant les communications téléphoniques, celles qui sont passées depuis l'Assemblée sont prises en charge par le budget. Pour les communications passées depuis la circonscription, les députés métropolitains disposent d'un forfait annuel de 4 200 euros (9 670 euros pour un élu d'outre-mer, 16 845 euros pour les élus des Français de l'étranger dans les circonscriptions extra-européennes).

Pour les dépenses d'affranchissement de leur correspondance parlementaire, un forfait de 12 000 euros par député est prévu. Enfin les députés, pour l'ensemble de la législature, bénéficient d'un crédit de 10 000 euros pour l'équipement et le renouvellement du matériel informatique de leur local de circonscription. Tels sont les moyens de travail que l'Assemblée nationale met à la disposition des députés.

1. Le président de l'Assemblée et son cabinet disposent de 10 véhicules.

Le sort des députés battus

La durée d'une vie parlementaire est, nous l'avons vu, limitée dans le temps (un à deux mandats en moyenne). Tous les cinq ans (sauf dissolution), les élections favorisent le renouvellement des députés (40 % en 2012).

Selon une rumeur largement répandue sur les réseaux sociaux, les députés battus conserveraient leur rémunération pendant cinq ans. Pour d'autres, ils bénéficieraient d'un parachute doré. La réalité est bien différente, et plus normale. Si le député a plus de 60 ans (62 ans à partir du 1er janvier 2018), il bénéficie de sa pension vieillesse, que nous détaillerons plus loin. S'il a moins de 60 ans et qu'il est fonctionnaire, il retrouve immédiatement un emploi (et la rémunération correspondante). S'il est salarié du secteur privé, il bénéficie d'une garantie de réintégration professionnelle, mais seulement à l'issue de son premier mandat. Dans les autres cas, il bénéficie d'une allocation de retour à l'emploi versée par un Fonds d'assurance mutuelle, différentielle et dégressive, gérée par la Caisse des dépôts et consignations, pour autant qu'il soit âgé de moins de 60 ans. Ce système, qui s'apparente à une allocation-chômage spécifique, a été formalisé lors des élections de 2007. Il assure, pour une durée maximale de trois ans, si l'intéressé n'a pas retrouvé un emploi, une garantie de ressources égale, pendant les six premiers mois, à l'indemnité parlementaire de base (soit 5 547 euros). Chaque semestre, ce plafond est diminué pour atteindre le SMIC lors du dernier semestre. Par ailleurs il prend en compte les revenus de l'intéressé (par exemple ses indemnités d'élu local ou ses revenus fonciers). En conséquence, le montant versé est généralement inférieur à la garantie. Ainsi, après les élections de 2012, 44 députés ont bénéficié de ce fonds (sur un total de 233 députés non réélus). Au bout d'un an, 17 personnes n'avaient pas retrouvé d'emploi et, à l'issue de la deuxième année, 5. Au total, le dispositif a coûté 1 689 674 euros pour l'ensemble des bénéficiaires sur la période considérée. Ce montant a été entièrement financé par une cotisation mensuelle obligatoirement prélevée sur chaque indemnité de député[1]. Cela signifie que ceux qui sont issus du secteur public cotisent pour ceux du secteur privé, seuls concernés par ce fonds d'assurance mutuelle. Un effort de solidarité suffisamment rare pour être souligné.

Le droit à la retraite

La « retraite » des députés, créée en 1904, est perçue par l'opinion publique comme un privilège, régulièrement stigmatisé lors des réformes des régimes de retraite professionnelle. Les critiques témoignent d'une

1. Cette cotisation est fixée à un niveau faible (0,4 % de l'indemnité), mais suffisant pour couvrir les dépenses du fonds.

confusion largement répandue entre une activité professionnelle et un mandat de député.

Première observation : être parlementaire ne constitue pas un métier, que l'on commence à 20 ans pour le terminer à 62 ans, mais une fonction à durée déterminée, dont le début et la fin varient selon les individus. La carrière longue accomplie par 20 % des députés – dont l'auteur de ces lignes – ne doit pas occulter la durée moyenne d'un mandat qui est de l'ordre de sept ans. Il en résulte qu'un député exerce, avant et après son mandat, une activité professionnelle selon les conditions de droit commun.

Deuxième observation : la durée de l'activité professionnelle d'origine est interrompue par le mandat parlementaire, puisque ce dernier est exclusif de tout emploi public[1] et incompatible avec de nombreuses activités privées. En conséquence, la retraite professionnelle des intéressés est réduite au prorata de la durée du mandat parlementaire. De plus, les conditions particulières d'exercice de ce mandat (âge d'accès généralement tardif, durée limitée et aléatoire) rendent délicate la réinsertion professionnelle, y compris pour les fonctionnaires[2]. La pension attribuée aux anciens

1. À l'exception des professeurs d'université et, en Alsace-Moselle, des ministres du culte : curés, pasteurs, rabbins.

2. Du fait de leur statut, les fonctionnaires retrouvent leur rémunération et un emploi. Toutefois, ceux qui seront élus en 2017 seront mis en disponibilité (et non plus en détachement), position administrative qui empêche toute évolution de la carrière professionnelle de l'intéressé et n'oblige pas à retrouver son affectation initiale.

députés a notamment pour objet de compenser les conséquences de cette rupture dans la carrière professionnelle.

Troisième observation : l'Assemblée nationale dispose d'une autonomie financière totale en vertu de la séparation des pouvoirs sans laquelle, comme le rappelle l'article XVI de la Déclaration des droits de l'homme, il n'est pas de démocratie. Elle fixe donc son budget, lequel comprend toutes les dépenses liées à la fonction parlementaire (traitements, fonctionnement courant, sécurité sociale, pensions...). De ce fait, il n'existe pas de « caisse de retraite » des députés, mais un simple budget annexe qui assure la transparence sur les dépenses de pension. Ainsi, en 2015, le budget de l'Assemblée a intégralement financé les 63 millions de dépenses versées à 1 121 pensionnés et à 714 ayants droit. La répartition de ce financement entre cotisations des députés, contribution de l'Assemblée et subvention versée pour équilibrer ce budget annexe n'a pas grande signification, puisque toutes ces sommes proviennent du même et unique budget. Il en résulte que la pension de retraite des députés n'est pas détachable du statut des parlementaires, comme l'a reconnu le Conseil d'État.

Saisi par un ancien député qui contestait la suppression de sa pension parlementaire, décidée par le bureau de l'Assemblée à la suite d'une condamnation infamante, le Conseil d'État a rejeté cette requête « considérant que le régime des pensions des anciens députés fait partie du statut du parlementaire, dont les règles particulières résultent de la nature de ses fonctions ; qu'ainsi ce statut se rattache à l'exercice de la souveraineté nationale par les membres du Parlement ; que, eu égard à la nature de cette activité, il n'appartient pas à un juge administratif de connaître des litiges relatifs au régime des pensions des parlementaires[1] ». Compte tenu de ce caractère spécifique et unique du régime des pensions parlementaires, pourquoi vouloir comparer des choses qui ne le sont pas ? La réponse se trouve dans les modalités de calcul de la pension parlementaire. À l'origine, le niveau de cette pension était fixé en proportion de l'indemnité parlementaire, avec un coefficient variable selon la durée du mandat. Ce mode de calcul, simple et clair, n'a hélas pas été maintenu. Les instances décisionnaires de l'Assemblée ont décidé de s'inspirer du système de calcul en vigueur dans la fonction publique, à savoir, fixation d'un taux et d'une durée de cotisation. Mais, pour tenir compte des spécificités du mandat parlementaire, on a ajouté un mécanisme particulier de double cotisation pendant les quinze premières années, et fixé à 50 ans l'âge minimal de liquidation de la pension. Le rapprochement de ces modalités avec celles du régime général a fait apparaître le caractère avantageux de la pension parlementaire.

1. CE, 28 décembre 2009, n° 320432.

Quoi qu'il en soit, lors de chaque réforme des retraites, le bureau de l'Assemblée, seul compétent, n'est pas resté inactif. En 2003, la durée de cotisation nécessaire pour obtenir une pension à taux plein est passée à 40 annuités et l'âge minimal requis pour liquider la pension est passé de 50 à 55 ans. En 2007, cet âge a été retardé à 60 ans. Simultanément, il a été mis fin à une situation existant de longue date et choquante, selon laquelle un député issu de la fonction publique pouvait continuer, durant sa vie parlementaire, à cotiser pour sa retraite professionnelle, alors qu'il n'exerçait plus son métier. Le moment venu, il percevait sa retraite professionnelle au tarif plein. Désormais, les députés fonctionnaires (nouveaux ou réélus en 2012) cessent de cotiser à leur régime de retraite de la fonction publique pendant la durée de leur mandat. Quant aux députés issus du secteur privé, ils signent un engagement de ne pas cotiser simultanément à un autre régime, dès lors qu'ils n'exercent pas d'activité professionnelle. L'autonomie de fonctionnement de l'Assemblée garantit le respect de cet engagement, au risque d'une diminution de la pension parlementaire. Bien entendu, si le député continue de travailler, éventuellement à temps partiel, il cotise au régime de retraite correspondant. En 2010, le bureau a décidé de mettre un terme au système particulier de cotisation et d'aligner les modalités de calcul de la pension parlementaire sur le régime général de la fonction publique. L'âge d'ouverture du droit à pension est relevé à 62 ans, la durée requise pour obtenir une pension à taux plein à 41,5 annuités et le taux de cotisation aligné progressivement sur celui des salariés du privé. Concomitamment, le versement d'un treizième mois aux anciens députés a été supprimé. Résultat : pour les nouveaux députés élus en 2012, leur pension parlementaire diminuera de moitié, puisqu'elle sera de 758 euros (mensuels) après un mandat de cinq ans, et de 1 506 euros après un mandat de dix ans. Toutefois, pour compenser les conséquences liées à la rupture de carrière, un système facultatif de retraite complémentaire a été institué. Les députés qui recourent à ce système complémentaire verront la baisse de leur pension limitée à 33 % par rapport au régime actuel, soit 1 129 euros pour un mandat de cinq ans et 2 258 euros pour un mandat de dix ans. Ainsi la pension des anciens députés va subir une diminution comprise entre la moitié et le tiers de son montant actuel ! L'effort réalisé est certainement unique et il est regrettable que l'Assemblée n'ait pas davantage communiqué sur ce sujet, au risque de favoriser la diffusion, sur les réseaux sociaux, de tous les fantasmes de l'antiparlementarisme. Aujourd'hui, en 2016, alors que ce nouveau régime n'est pas encore entré en application, la moitié des 1 118 anciens députés perçoivent une pension inférieure à 2 500 euros et 13 % (soit 153 personnes) perçoivent une pension maximale (6 500 euros). Il s'agit d'anciens députés dont la vie parlementaire a été longue, car ce montant ne peut être atteint qu'à l'issue de cinq mandats. Avec le nouveau régime, il faudra accomplir sept mandats pour obtenir une pension maximale. Ce sera en 2047. Les bénéficiaires ne devraient pas se bousculer au portillon[1] !

Par ailleurs, les anciens députés continuent, s'ils le souhaitent, à fréquenter l'Assemblée puisqu'ils ont accès à l'ensemble des services (restauration, hébergement, bibliothèque, etc.). Seul l'hémicycle leur est interdit – mais ils y disposent d'une loge – que le monde politique, toujours cruel, appelle « le cimetière[2] ». Une carte tricolore d'ancien député leur est attribuée. Ceux qui ont siégé au moins dix-huit ans obtiennent le titre de « membre honoraire du Parlement », qui leur permet de circuler gratuitement sur l'ensemble du réseau métropolitain de la SNCF.

Portrait du député

Le député est... un homme dans la proportion de 84 %. Mais le nombre de femmes augmente régulièrement : 76 en 2007 et 150 en 2012. Il n'est pas très jeune : 57 ans en 2015. Cette moyenne d'âge augmente régulièrement, d'un an à chaque législature, ce qui n'est guère étonnant : on devient député tardivement, après avoir fait ses preuves au niveau local et

1. Actuellement, 2 % des députés ont effectué sept mandats.
2. *In* Bruno Fuligni, *La Parlotte de Marianne. 1 000 mots d'argot politique*, Éditions Horay, 2009.

acquis une notoriété professionnelle ou politique, ce qui demande du temps. Ainsi, en 2012, les nouveaux élus PS et UMP avaient un âge moyen de 48 ans. Près de la moitié des députés ont plus de 60 ans (dont 15 % plus de 70 ans), alors que les moins de 40 ans ne sont que 22, soit 4 %. Le député le plus jeune, en l'occurrence une femme, est âgé de 27 ans et le doyen a 80 ans.

Compte tenu du renouvellement qui se produit à chaque élection, près de la moitié des députés effectuent leur premier mandat. Ceux qui en sont à leur quatrième mandat, voire plus, représentent cependant le quart de l'Assemblée. Enfin, 3 députés ont été élus pour la première fois en 1978, et 6 autres en 1981 (voir les graphiques 9 et 10).

Sur le plan professionnel, trois catégories dominent : les cadres et ingénieurs du secteur privé sont les plus nombreux : 1 député sur 4. Toutefois, cette donnée n'est pas significative. En effet, de nombreux parlementaires se placent dans cette catégorie, dès qu'ils ont occupé un poste dans une association privée à vocation politique, alors qu'il s'agit de « professionnels » de la vie politique qui hésitent à s'afficher tels (seuls 16 députés le reconnaissent). En second lieu, viennent les fonctionnaires, qui fournissent 1 député sur 5. Ils sont issus des trois fonctions publiques (État, collectivités locales, secteur hospitalier). On trouve ensuite les professions libérales, 1 député sur 6, notamment 33 avocats et 23 médecins, dont

GRAPHIQUES 9 ET 10

Durée de vie parlementaire, femmes et hommes

Femmes

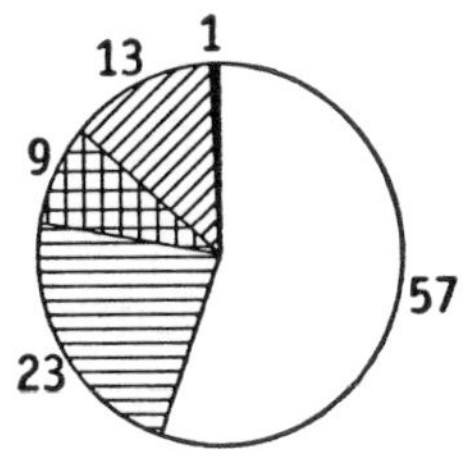

Hommes

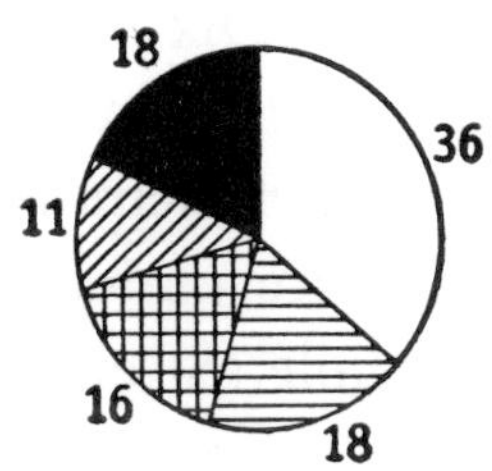

☐ 1 MANDAT ▤ 2 MANDATS ▦ 3 MANDATS ▨ 4 MANDATS ■ 5 ET +

SOURCE. Assemblée nationale.

certains continuent à exercer à temps partiel. Viennent ensuite les enseignants, 1 député sur 10, en provenance de l'enseignement secondaire et supérieur, davantage que du premier degré. Aucun député ne se réclame du monde ouvrier. Au final, et contrairement à une idée reçue, les députés issus du secteur public ne sont pas dominants.

En vertu de la loi sur la transparence de la vie politique, les députés sont tenus de fournir une déclaration d'intérêts qui est rendue publique sur le site de la HATVP. L'objectif de cette démarche est d'inciter les parlementaires à ne pas intervenir dans les domaines où ils ont (eu) des intérêts. Cette déclaration a permis de connaître les activités annexes que certains exercent en même temps que leur mandat, soit comme élu local (81 % des députés sont dans ce cas), soit dans le secteur privé. On a relevé, sur un total de 925 déclarations (députés + sénateurs), une vingtaine de parlementaires déclarant des revenus annexes supérieurs à 100 000 euros par an, soit davantage que leur indemnité parlementaire. Dix atteignent et dépassent même les 200 000 euros. Si ces montants correspondent à une réelle activité, il est vraisemblable qu'elle s'exerce au détriment de l'activité parlementaire, ce qui est moralement condamnable. Si elle ne correspond pas à une activité réelle, c'est pénalement condamnable. À l'opposé, d'autres députés ont renoncé à leurs activités antérieures qui leur procuraient des rémunérations plus élevées. Ainsi la fonction parlementaire conserve suffisamment de prestige pour inciter certains à faire le choix d'une diminution de revenus.

Outre cette déclaration d'intérêts, les parlementaires doivent effectuer une déclaration de patrimoine, en début et en fin de mandat. L'objectif de cette déclaration est – comme pour les ministres – de vérifier qu'il n'y a pas eu d'enrichissement anormal pendant l'exercice du mandat parlementaire. À vrai dire, cette déclaration existait depuis 1988, mais l'autorité chargée d'en vérifier le contenu et l'évolution ne disposait d'aucun moyen : elle n'avait même pas connaissance des revenus des intéressés ! Bref, il s'agissait, en réalité, d'un simple effet d'affichage sans conséquence pratique. C'est dire que les textes ont été sensiblement modifiés. La HATVP, qui reçoit ces déclarations, est chargée de vérifier qu'elles sont « exhaustives, exactes et sincères ». À cet effet, elle dispose de toutes les informations sur les revenus des intéressés et de l'assistance des services fiscaux, et elle n'a pas hésité à « épingler » les parlementaires dont la déclaration était incomplète ou inexacte et à transmettre dix-sept dossiers à la justice. Mais c'est surtout le rapprochement avec les déclarations de fin de mandat qui sera significatif. Si l'évolution du patrimoine est suspecte, la loi prévoit la possibilité, pour la HATVP, de rendre publiques ses observations au *Journal officiel*, indépendamment des sanctions pénales lourdes : trois ans de prison et 45 000 euros d'amende.

Lors de l'examen du texte instaurant cette obligation de déclaration, les médias – et l'opinion publique – se sont focalisés sur le fait que l'Assemblée avait refusé de rendre publiques ces déclarations de patrimoine, qui sont seulement consultables en préfecture. Effectivement, une majorité de députés, à la suite de leur président, ont refusé la publicité souhaitée par le président de la République, dont on a vu qu'il l'avait imposée aux ministres. Pour ma part, je suis favorable à la publicité – ma déclaration de patrimoine est publiée depuis longtemps sur mon blog. Néanmoins, cette question ne constituait pas le cœur de la loi. Plus que la fortune des élus, ce qui compte c'est que le citoyen ait l'assurance que, pendant leur mandat, les députés ne s'enrichissent pas indûment. L'essentiel est donc de fournir à la HATVP tous les moyens d'accomplir sa mission, ce qui a été fait.

La suppression du cumul des mandats

Compte tenu de l'ancienneté de cette tradition dans notre pays qui s'est généralisée sous la IIIe République (plus de 60 % de députés cumulants dans la période de l'entre-deux-guerres) et s'est amplifiée sous la Ve (80 % de cumulants dans la présente Assemblée), il s'agit là d'une véritable révolution de notre vie politique. L'opinion publique a toujours douté de la volonté des députés de voter cette réforme, en vertu de l'adage selon lequel « on ne scie pas la branche sur laquelle on est assis ». Le vote final de cette réforme a donné une réponse très claire, 313 voix pour, et 225 contre, 39 députés s'abstenant (dont 20 élus de droite). La loi s'appliquera un mois après l'entrée en fonction des députés fixée au 20 juin 2017. Ce jour-là, sans formuler la moindre déclaration, les fonctions exécutives locales des députés élus prendront fin. Pour les sénateurs, ce sera un mois après l'élection sénatoriale prévue le 23 septembre. Mais l'application concernera la totalité des sénateurs (y compris ceux élus en 2014). L'élection d'une Assemblée avec des députés désormais libérés d'une fonction exécutive locale[1], mais pouvant toujours siéger comme simples élus locaux, va modifier en profondeur le travail parlementaire. Avec le temps, on découvrira l'ampleur des changements que cette loi va entraîner, y compris dans les exécutifs locaux.

4. Les élus locaux

Longtemps bénévoles

Contrairement aux députés, dont on a vu qu'ils ont été indemnisés dès l'origine, la législation considère toujours que l'exercice des mandats locaux est assuré gratuitement.

L'article 1er de la loi du 21 mars 1831, qui consacrait pour la première fois l'élection des conseillers municipaux par les plus riches contribuables de la commune – le maire était alors nommé par le roi – stipulait : « Les fonctions des maires, des adjoints et des autres membres du corps municipal sont essentiellement gratuites et ne peuvent donner lieu à aucune indemnité ni frais de représentation. » À cette époque, seuls les

1. Maire et adjoint, président et vice-président d'une intercommunalité, président et vice-président de conseil régional ou départemental, président et vice-président de société d'économie mixte.

notables locaux adossés à des revenus confortables pouvaient donc être membres d'un conseil municipal.

Cette règle de la gratuité s'est maintenue tout au long du XIXe siècle, même si elle ne fit pas l'unanimité à l'Assemblée nationale lors de la discussion de la grande loi municipale du 5 avril 1884 qui constitue encore le socle du fonctionnement des conseils municipaux. Défenseurs et détracteurs de la gratuité s'opposèrent alors vivement. Pour les uns, menés par le député de Marcère, rapporteur de la loi : « Ce serait [...] dénaturer le caractère des fonctions municipales que de rétribuer [...] les services désintéressés des notables qui sollicitent et qui reçoivent l'honneur de donner une part de leur temps et de leur activité à la cité [...]. Si la libre administration des communes doit être une école de la vie publique, il est bon qu'elle soit aussi l'école de cette vertu civique si nécessaire : le désintéressement ». Ce à quoi le député Révillon, auteur d'un amendement rejeté sur l'indemnisation des élus municipaux, répondit : « Les fonctions municipales sont à la fois un honneur et un devoir pour les citoyens. Or, paie-t-on l'accomplissement d'un devoir ? Encore faut-il qu'on puisse le remplir, ce devoir ! Encore faut-il qu'on puisse le mériter, cet honneur. Si, le jour où vous dites à l'élu au conseil municipal : “Il y a séance aujourd'hui” ; si, ce jour-là, il est forcé d'être aux champs ou à l'atelier pour gagner sa vie et celle des siens, il ne pourra siéger au conseil municipal, et le droit que vous lui donnez, le devoir que vous lui imposez ressembleront à une ironie. » Dès l'origine, l'essentiel était dit. Cependant, progressivement, des évolutions se font jour.

Frais remboursés

Ultérieurement, deux dérogations furent acceptées : le remboursement des frais occasionnés par les mandats spéciaux, et la faculté de voter des indemnités au maire pour frais de représentation[1].

Il faudra attendre 1952 pour que le régime indemnitaire des maires soit codifié. Le régime des conseillers généraux, lui, fut défini en 1947. Au système antérieur très encadré, se substitue alors un dispositif autorisant le versement d'indemnités journalières pour chaque réunion du conseil général et de ses commissions ; le taux est librement fixé par chaque assemblée départementale sous le contrôle plus ou moins vigilant des préfets qui disposent de pouvoirs plus étendus qu'aujourd'hui, mais dont le train de vie (logement, mobilier, véhicules, personnel de maison) dépend de la générosité du conseil général.

1. L'article L 2123-17 de l'actuel code général des collectivités territoriales rappelle le caractère gratuit des fonctions de maire, adjoint et conseiller municipal ; les articles 2123-18 et 19 listent les dérogations évoquées ici.

Décentralisation et indemnités

Avec la décentralisation, en 1982, les assemblées départementales et régionales sont désormais libres de fixer leur régime indemnitaire. L'effet est immédiat : une croissance vertigineuse des indemnités. Entre 1980 et 1988, les indemnités globales des conseillers généraux sont multipliées par 2, passant de 54 à 114 millions. Du côté des conseils régionaux, la hausse est encore plus spectaculaire, même si les montants sont plus faibles. Les chiffres sont sans appel : la décentralisation a entraîné une hausse astronomique des indemnités des élus régionaux et départementaux, qui reposent toujours sur le système des vacations. Mais on découvre également des disparités énormes entre collectivités, puisque les écarts vont de 1 à 8. Encore s'agit-il de moyennes départementales. Au sein de chaque conseil général, les élus majoritaires sont beaucoup mieux indemnisés que les élus minoritaires : dans l'Hérault, par exemple, les écarts vont de 1 à 20 ! Le cumul des deux mandats, départemental et régional, permet d'atteindre dans les cas les plus favorables une indemnité – alors non imposable – de plus de 8 000 euros mensuels !

Face à ces chiffres, le ministre de l'Intérieur, Pierre Joxe, s'impatiente : « Il faut très vite voter un statut de l'élu, afin d'en finir avec les disparités choquantes et que personne n'ait plus la tentation, pour boucler ses fins de mois, de puiser dans on ne sait quelle caisse noire[1]. » Son successeur, Philippe Marchand, assisté du secrétaire d'État Jean-Pierre Sueur, va faire adopter en 1992 un texte « relatif aux conditions d'exercice des mandats locaux » qui détermine les règles d'indemnisation des diverses catégories d'élus locaux. Cette loi n'entend pas les professionnaliser (ou fonctionnariser), d'où l'absence du mot « statut » dans le texte, au profit de l'expression « conditions d'exercice ». Si le principe de la gratuité est maintenu – en théorie –, la loi fixe très précisément les modalités pratiques concernant la disponibilité, la formation, l'indemnisation, la retraite des élus communaux, départementaux et régionaux. Le progrès est incontestable.

Désormais, certains élus occupant des fonctions importantes (président de conseil départemental, maire ou adjoint d'une grande ville) ont la possibilité de les exercer à temps plein. Ils obtiennent alors, s'ils sont salariés, une suspension du contrat de travail pour une durée maximale de deux mandats consécutifs. À l'issue de cette période, l'élu retrouve son emploi antérieur. Sont concernés par cette option : les maires et adjoints des communes de plus de 10 000 habitants, les présidents des établissements publics de coopération intercommunale à fiscalité propre ainsi que les vice-présidents des EPCI de plus de 10 000 habitants, les présidents et vice-présidents des conseils régionaux et départementaux.

1. *L'Express*, 25 octobre 1990.

Dans ce cas, l'indemnité est considérée comme un traitement au regard de la couverture sociale et de la retraite. Un plafond maximal d'indemnité est fixé, en fonction de la taille démographique, pour chaque collectivité. Il correspond à un pourcentage du montant de l'indice 1015 de la fonction publique[1]. Sa revalorisation dépend uniquement des décisions gouvernementales relatives à la politique salariale dans la fonction publique : bloqué depuis le 1er juillet 2010, le point d'indice a été augmenté de 0,6 % au 1er juillet 2016. L'indemnité versée est forfaitaire, et non plus calculée selon un tarif variable de vacations. Elle n'est donc pas liée à l'activité réelle de l'élu, même si une diminution (modeste) est possible en cas d'absences fréquentes aux réunions de la collectivité.

Les élus qui cumulent les mandats locaux (et parlementaires jusqu'en juillet 2017) peuvent également cumuler les indemnités jusqu'à un maximum de 8 321 euros (soit 1,5 fois l'indemnité parlementaire de base). Il s'agit d'un montant élevé que de nombreux élus locaux s'efforcent d'atteindre grâce aux indemnités attractives dans les structures intercommunales (qui sont exclues du cumul des mandats[2], mais comptent dans le cumul d'indemnités).

La sensibilité des élus vis-à-vis des indemnités est

1. Pour les détails des indemnités par collectivité, voir annexe 2, p. 249.

2. Les lois sur le cumul des mandats locaux ne s'appliquent pas aux établissements publics que sont les syndicats intercommunaux.

de plus en plus forte. Ainsi, depuis le 1er janvier 2016, l'indemnité du maire est fixée au plafond légal, sans qu'une délibération du conseil municipal soit nécessaire. Cette disposition a été prise pour échapper aux querelles fréquentes qui intervenaient concernant le montant de l'indemnité du maire. Toutefois, les maires peuvent demander au conseil municipal une diminution de cette indemnité légale. Concernant l'indemnité des adjoints, une délibération est toujours nécessaire. Une modulation est possible, en fonction des responsabilités de l'adjoint, mais dans le respect de l'enveloppe globale autorisée. L'indemnité d'un adjoint est toujours liée à une délégation de fonctions, et non à sa seule fonction d'adjoint. Tout retrait de délégation entraîne un retrait de l'indemnité.

Les conseillers municipaux peuvent également percevoir une indemnité à condition de réduire en conséquence les indemnités du maire et des adjoints, pour rester dans le cadre de l'enveloppe autorisée. En revanche, dans les communes et les établissements publics de coopération intercommunale (EPCI) de 100 000 habitants et plus, l'indemnisation des conseillers s'effectue en dehors de l'enveloppe globale, à un tarif fixé par la loi. Les délibérations fixant le régime indemnitaire des élus sont, naturellement, publiques. Leur texte est quelquefois ésotérique, mais chaque délibération doit comporter, en annexe, les montants accordés à chaque élu. « En l'absence de ce tableau annexe, la délibération est susceptible d'être déférée à la censure du juge administratif », précise le ministère de l'Intérieur.

S'il est désormais possible à un maire d'exercer sa fonction à temps plein dans des conditions financières acceptables, c'est souvent grâce au cumul avec d'autres mandats locaux. Malgré les revalorisations intervenues, les indemnités des maires restent insuffisantes, au point que l'on constate un déséquilibre important avec les autres indemnités locales. Ainsi, le maire d'une commune de 15 000 habitants, qui gère un budget de 25 millions d'euros et 310 salariés, perçoit la même indemnité qu'un conseiller régional d'une région de 2 à 3 millions d'habitants dont la seule obligation est d'assister à deux ou trois réunions par mois. De même, le conseiller départemental d'un département de 200 000 à 500 000 habitants, membre de la commission permanente, perçoit la même indemnité qu'un maire d'une commune de 5 000 habitants, dont la charge de travail est sans commune mesure (7,5 millions de budget et une centaine d'agents municipaux). Aucune évaluation n'a été réalisée sur ces questions indemnitaires dont on ne parle jamais, mais auxquelles on pense toujours.

En 1993, j'ai pu obtenir la fiscalisation de ces indemnités, selon un prélèvement à la source forfaitaire, qui disparaîtra en 2017 au profit de la fiscalisation normale en matière d'impôt sur le revenu. Seule l'indemnité des maires des communes de moins de 500 habitants (au nombre de 19 185) échappe à l'impôt, la somme en question correspondant à un remboursement de frais. Au total 85 000 élus sont concernés par cette fiscalisation qui rapporte 30 millions d'euros par année.

Jusqu'en 2014, les cumuls d'indemnités de certains élus pouvaient dépasser le plafond légal. Dans ce cas, le surplus d'indemnité était « écrêté » et attribué, en vertu d'une délibération de la collectivité, à un membre de l'assemblée locale. Ce système conduisait à de nombreuses dérives, lorsque le reversement s'effectuait à un conjoint ou un proche de l'élu « écrêté ». Désormais, tout reversement est interdit et les sommes en question demeurent dans le budget de la collectivité.

Au total, le montant des indemnités perçues par les élus locaux se monte (en 2013) à 1,7 milliard d'euros, dont 70 % sont le fait des élus municipaux. Rapportées au montant des budgets locaux, ces sommes sont faibles : 1,2 % pour les communes ; 0,5 % pour les intercommunalités ; 0,2 % pour les régions et les départements. Ces dernières années, la progression de ces indemnités a sensiblement ralenti, se limitant à 1 % sur la période 2010-2013. Le comportement des élus des nouvelles grandes régions est significatif. L'enquête que j'ai menée montre que le montant global des indemnités régionales a diminué de 6,2 millions, soit moins 10,5 %.

GRAPHIQUE 11

Les indemnités des élus locaux en 2013
(en %)

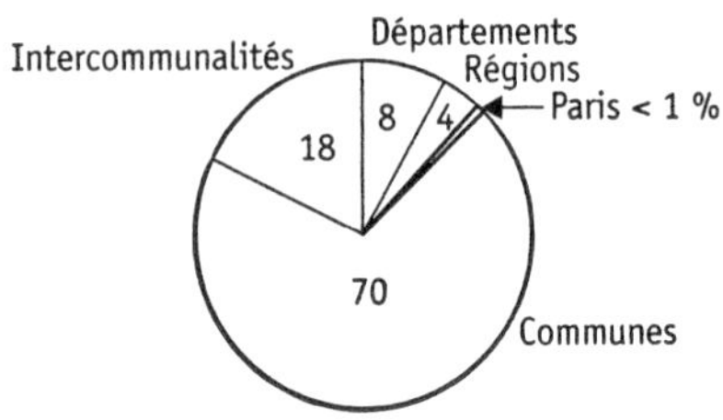

SOURCE. Ministère de l'Intérieur.

Les avantages annexes dont peuvent bénéficier les élus locaux sont variés. Un logement de fonction n'est possible que pour les présidents des conseils régional et départemental. Mais dans les collectivités les plus importantes, l'utilisation par le maire, les adjoints, les présidents et vice-présidents d'une voiture de fonction, avec chauffeur, est de plus en plus fréquente. Dans un souci de transparence, il est désormais nécessaire que les bénéficiaires de cet avantage en nature soient précisés dans une délibération publique de la collectivité. Les exécutifs locaux – en particulier les maires – peuvent bénéficier de frais de représentation, mais uniquement sur justificatifs. Enfin, l'attribution aux élus de tout autre avantage en nature (téléphone, ordinateur, tablette...) doit faire l'objet d'une délibération nominative.

Le contrôle se met en place

Les chambres régionales des comptes, dans le cadre de leur mission de contrôle de l'argent public, ne manquent pas de relever les dérives auxquelles donnent lieu ces divers avantages. On comprend mieux les réticences de certains élus envers ces juridictions financières qui les empêchent de dépenser selon leur bon plaisir.

La loi de 2000 consacrée aux délits non intentionnels, dite « Dosière-Fauchon » (du nom des rapporteurs), a permis de rassurer les élus locaux[1] particulièrement émus d'être mis en cause pénalement, dès lors qu'un accident involontaire se produisait sur leur commune (par exemple la chute d'un panneau de basket causant un décès). Désormais, la procédure pénale n'est possible que si l'élu a commis une faute grave ou une violation d'une règle de sécurité. Mais les indemnisations sont toujours possibles dans le cadre d'une procédure civile ou administrative.

Les élus locaux n'échappent pas aux dispositions de la loi sur la transparence de la vie politique, en ce qui concerne le patrimoine et les intérêts. Les maires (et présidents d'EPCI) dont la collectivité est supérieure à 20 000 habitants, les adjoints (et vice-présidents d'EPCI) des collectivités supérieures à 100 000 habi-

1. La loi concerne également les enseignants, les fonctionnaires d'autorité, les médecins, les responsables d'association.

tants, les présidents (et vice-présidents) des conseils régionaux et départementaux doivent, dans les deux mois de leur élection, adresser à la HATVP une déclaration de patrimoine, ainsi qu'une déclaration d'intérêts. Une seconde déclaration patrimoniale doit parvenir deux mois avant la fin de leur mandat. Contrairement à la volonté du législateur, le Conseil constitutionnel a refusé toute publicité, même restreinte, sur ces déclarations de patrimoine, en considérant que l'atteinte à la vie privée était disproportionnée par rapport à la fonction occupée. Cette motivation est d'autant plus étonnante que les enrichissements anormaux constatés dans le passé sont généralement le fait des élus locaux, ce qui n'est pas surprenant puisqu'ils gèrent des budgets importants et sont davantage soumis à la tentation. Quoiqu'il en soit, il revient à la HATVP de contrôler ces déclarations et de saisir la justice si nécessaire. Par contre, les déclarations d'intérêt sont rendues publiques sur le site de la HATVP, ce qui est essentiel pour que les citoyens puissent vérifier que leur élu ne mélange pas ses intérêts privés avec sa fonction publique.

Plus de retraités

Les conditions d'exercice des mandats locaux ont connu, durant ce dernier quart de siècle, des avancées considérables, en particulier sur le plan matériel. S'engager au service de ses concitoyens dans le cadre d'un mandat local n'est plus l'aventure que cela représentait au siècle dernier. La recherche d'un « statut » de l'élu local a pour finalité de permettre à tout citoyen, quelle que soit sa situation personnelle, de s'engager dans la vie publique locale. L'analyse des catégories socio-professionnelles des élus dans le temps montre que cet objectif est loin d'être atteint.

Ainsi, près de la moitié des conseillers régionaux élus en 2015 sont issus de professions non salariées et 12 % sont des cadres et professions intellectuelles supérieures. Tout simplement parce que ces deux catégories peuvent adapter leurs horaires de travail aux contraintes d'un mandat. Les ouvriers, quant à eux, sont réduits à la portion congrue : 1 % et moins parmi les conseillers départementaux et régionaux ; 3 % parmi les maires. La catégorie la mieux lotie reste les retraités, dont le nombre ne cesse d'augmenter au fil du temps : moins d'un maire sur dix en 1971, un sur trois en 1995 et près d'un sur deux aujourd'hui. Dans les conseils départementaux, leur nombre a doublé depuis 1992 et ils sont aujourd'hui plus d'un élu sur trois. Les retraités disposent de temps et améliorent ainsi leur retraite puisqu'ils ne subissent pas de perte de revenu. Du point de vue sociologique, les changements sont faibles. Pour remédier à cela, j'ai formulé des propositions que l'on peut résumer ainsi : interdire le cumul des mandats locaux afin de favoriser le mandat local unique, ce qui permettra aux intéressés de poursuivre leur activité professionnelle à temps partiel. Pour ceux qui exerceraient leurs mandats à temps plein, il faudrait en limiter la durée dans le temps[1].

Il convient de souligner, en revanche, les progrès accomplis en matière de parité. L'extension du scrutin de liste – paritaire – aux communes de 1 000 à 3 500 habitants et l'obligation de respecter la parité dans le choix des adjoints et des conseillers communautaires ont fortement augmenté le taux de féminisation. Dans les assemblées départementales, cela a même justifié le choix d'un scrutin original, constitué d'un binôme homme/femme qui aboutit à une parité parfaite. Quelle révolution, quand on sait qu'en 1992 les femmes représentaient 5 % des conseillers généraux ! Sans doute, pour les postes de responsabilité, la féminisation progresse-t-elle plus lentement. Mais ce n'est qu'un début.

1. Voir René Dosière, *Le Métier d'élu local*, *op. cit.*, p. 167-179.

III

Le financement des partis

451. C'est le nombre de partis politiques qui ont une existence officielle en France en 2016. Un effectif qui augmente régulièrement, puisqu'ils étaient 20 en 1990, 250 en 2000. Une telle progression en dix ans mérite qu'on s'interroge !

L'explication première de ces chiffres étonnants tient, cette fois encore, aux cordons de la bourse. Si l'existence des partis est reconnue dans la Constitution – puisque l'article 4 déclare : « Les partis et groupements politiques concourent à l'expression du suffrage. Ils se forment et exercent leur activité librement » –, cette reconnaissance n'est accompagnée d'aucune législation, d'aucun contrôle et ils fonctionnent alors en dehors de tout cadre légal. Longtemps, l'indifférence et l'hypocrisie ont prévalu. Le financement des partis politiques ne préoccupait personne. Une déclaration du président de la République, Georges Pompidou, lors d'une conférence de presse, le 23 septembre 1971, exprime bien cet avis général : « Les ressources des partis politiques ne sont pas ce que l'on croit. Elles sont peu claires en général, pour des raisons variées et pas vraiment immorales d'ailleurs. » Fermez le ban !

1. Un cadre légal imparfait

Mais, à partir du moment où l'État a décidé de leur attribuer un financement public, il a bien fallu préciser le cadre légal. C'est donc seulement en 1988 que la loi leur a reconnu la personnalité morale, c'est-à-dire la possibilité de posséder un patrimoine, de conclure des contrats, d'emprunter de l'argent, de créer et administrer des journaux et des instituts de formation, d'aller en justice... Cependant, tout en accomplissant ce petit pas en avant, qui de fait entérinait la situation existante, la même loi a fait un grand pas en arrière, puisqu'elle a précisé que les partis ne sont soumis à aucun contrôle, pas même celui de la Cour des comptes – contrairement aux règles qui concernent toutes les associations.

Ce cadre légal, pour autant, ne constituait pas une définition. Celle-ci a été formulée par le Conseil d'État et le Conseil constitutionnel : « Est considéré comme parti politique, la personne morale de droit privé qui se fixe un but politique à la triple condition a) de percevoir l'aide publique, b) de désigner un mandataire, seul autorisé à recevoir les dons destinés au parti, c) de déposer chaque année ses comptes certifiés par deux commissaires aux comptes auprès de la CNCCFP. » Autrement dit, tout groupement soumis à la loi sur le financement des partis politique est… un parti politique, habilité à financer une campagne électorale. Belle tautologie qui explique l'explosion des partis politiques.

Dons et cotisations, un leurre collectif

On a longtemps vécu dans un leurre collectif qui arrangeait tout le monde : les responsables politiques expliquaient, en chœur, que leurs ressources provenaient des dons des élus et des cotisations des adhérents. Qu'importe si le nombre des militants, au demeurant mal connu, diminuait régulièrement, alors même que les dépenses augmentaient ! Au reste, les Français ne s'intéressaient guère à ces questions.

L'élection du président de la République au suffrage universel, en 1965, marque l'émergence de ce que l'on appellera plus tard « la politique spectacle » et qui prendra son essor dans les années 1980[1]. Le développement des techniques nouvelles de communication, sondages, envois en nombre, campagnes d'affichages, placards publicitaires, brochures et journaux imprimés en couleur sur du papier glacé, recours de plus en plus fréquent aux « gadgets » (chapeaux, tee-shirts, stylos, épinglettes, etc.) ont fait exploser les dépenses des partis et des candidats.

Dans le même temps, le corps électoral s'est accru

1. Voir Nicolas Tolini, *Le Financement des partis politiques*, Dalloz, 2007, p. 53 *sq*.

fortement : on passe de 28,9 millions d'inscrits en 1965 à 36,4 millions en 1981[1] et 45 millions en mars 2016[2]. De plus, les élections se sont multipliées, avec les européennes (à partir de 1979) et les régionales (à partir de 1986). En 1988, quatre scrutins différents se déroulent : présidentielle, législatives, cantonales et, en prime, un référendum (sur la Nouvelle-Calédonie). À ce rythme, les trésoriers des partis politiques ont dû multiplier les appels de fonds et racler tous les fonds de tiroir !

Où trouvait-on l'argent ? Les partis au pouvoir disposaient des « fonds secrets » à la disposition du gouvernement, ce qui offensait les principes démocratiques les plus élémentaires[3]. À défaut, ou en complément, il fallait « se débrouiller ». Les investigations et les procès qui se sont déroulés dans les années 1990 ont mis au jour les diverses pratiques frauduleuses utilisées : paiement direct par les entreprises de factures en lieu et place des candidats et des partis ; prélèvement d'une dîme sur les marchés publics obtenus grâce à l'entregent de bureaux d'études liés aux partis politiques ; surfacturation des pages de publicité dans les publications politiques ; « contributions » exigées en échange d'autorisations d'installation de grandes surfaces ; recrutements de collaborateurs politiques par des entreprises

1. En 1974, l'abaissement à 18 ans de la majorité électorale augmente le nombre d'électeurs de 2,5 millions.

2. Auxquels s'ajoute, pour les élections présidentielles et législatives, 1 million de Français vivant à l'étranger.

3. Les fonds secrets autres que ceux réservés aux services spéciaux ont été supprimés au 1er janvier 2002 par Lionel Jospin.

et des collectivités. J'ai évoqué, dans *L'Argent caché de l'Élysée*[1], comment les entreprises nationales (EDF, PTT, Air France) rémunéraient depuis les débuts de la Ve République certains collaborateurs du chef de l'État lui-même...

Des filières de l'étranger

Les filières étrangères, toujours couvertes par le secret, ont également contribué à alimenter les caisses des partis. Qu'il s'agisse des relations étroites entre l'Union soviétique et le parti communiste, ou de ce que l'on a appelé la « Françafrique », expression emblématique des relations, notamment financières, établies entre la France et certains gouvernements africains. Ajoutons à cette liste, les commissions (encore appelées *bakchichs*) liées aux marchés internationaux et, plus particulièrement, aux ventes de matériel de guerre. C'est d'ailleurs une affaire de ce type qui amena les pouvoirs publics à s'attaquer au financement des partis. À l'automne 2007, un rapport, commandé par la droite revenue au pouvoir, souligne que les ventes d'armes de la société Luchaire à l'Iran, effectuées de façon illicite malgré l'embargo international, n'ont été possibles qu'avec l'accord des plus hautes autorités de l'État et que des doutes sérieux existent concernant des commissions versées au parti socialiste.

1. Seuil, 2007.

« Pour en finir avec cette boue[1] », dira-t-il, et surtout pour éteindre l'incendie, le président Mitterrand, en pleine cohabitation et à quelques mois de l'élection présidentielle de 1988, proposa une réforme du financement de la vie politique. Le gouvernement de Jacques Chirac élabora alors, dans la précipitation, sans aucun enthousiasme de la part des partis politiques, les premiers éléments d'une législation sur le financement public de la vie politique[2].

Des progrès avec Rocard et Séguin

Il faudra toutefois attendre la nomination de Michel Rocard comme Premier ministre pour que cette législation soit complétée et améliorée par la loi de janvier 1990[3] qui constitue le socle de la législation actuelle. De son côté, l'Assemblée nationale a créé une commission d'enquête sur « le financement de la vie politique » (à laquelle j'ai participé) qui a proposé de nombreuses améliorations dont certaines ont été retenues.

1. *Le Monde*, 18 novembre 1987.
2. Loi n° 88-227 du 11 mars 1988 relative à la transparence financière de la vie politique. La version que l'on peut aujourd'hui consulter sur « Légifrance » incorpore toutes les modifications ultérieures qui ont considérablement enrichi le texte initial.
3. Loi n° 90-55 du 15 janvier 1990 « relative à la limitation des dépenses électorales et à la clarification du financement des activités politiques ». Ce texte a fait l'objet de trois lectures dans chaque assemblée, aboutissant à un accord entre les deux chambres. La version actuelle incorpore les modifications apportées depuis le vote du texte initial.

Après les élections législatives de 1993, le nouveau président de l'Assemblée nationale, Philippe Séguin, anima un groupe de travail « Politique et argent » dont les travaux aboutirent au vote de la loi de janvier 1995 qui mit un terme au financement privé (par les entreprises) et augmenta, en contrepartie, le financement public. Désormais la législation sur le financement de la vie politique était acquise. Elle sera ajustée, ultérieurement, au cas par cas.

Ces dispositions législatives récentes ont été adoptées à de larges majorités, par-delà les étiquettes partisanes. Enfin, sur la base des comptes rendus d'activité de la CNCCFP[1] et des observations qu'ils contiennent, le Parlement a procédé aux ajustements préconisés, quelquefois avec un certain retard. Quoi qu'il en soit, on peut dire qu'aujourd'hui la France dispose d'une législation parmi les plus complètes et les plus rigoureuses de celles existantes dans les démocraties occidentales. De son côté, la justice, qui a longtemps ignoré les financements politiques occultes, n'hésite plus désormais à sanctionner les tricheurs.

2. De nouveaux financements

Dès lors que les partis sont définis sous le seul aspect financier, et encore de manière peu exigeante, on com-

1. À ce jour, la commission a publié dix-sept rapports disponibles sur son site.

prend mieux leur croissance régulière. L'analyse de leur répartition géographique montre que la moitié est localisée dans la région Île-de-France, cependant que les régions Rhône-Alpes et PACA en regroupent chacune 10 %. Outre-mer, on recense près de 70 « groupements politiques » (dont 18 à La Réunion et 13 en Polynésie) qui sont au service d'un seul responsable politique. D'où l'appellation de « micro-partis », par opposition aux « vrais » partis politiques, ceux qui perçoivent un financement public et qui parviennent à faire élire des candidats. Ces « vrais » partis sont de l'ordre d'une quinzaine, comme le bon sens le pressentait. On relève d'ailleurs que 95 % de l'aide publique est versée à 10 partis.

Micro-partis et pompes à fric

Les « micro-partis » sont des structures unipersonnelles constituées pour permettre à un élu de se ménager une certaine autonomie financière et conforter son action politique. Au vu de la liste de ces groupements, on peut se demander en quoi ils « concourent à l'expression du suffrage », selon les termes de l'article 4 de la Constitution. D'autant plus que la moitié de ces « partis » présente un budget annuel inférieur à 1 500 euros. Bien évidemment aucun de ces « micro-partis » ne perçoit de financement public, puisqu'ils sont dans l'incapacité de présenter des candidats aux législatives. Mais ils peuvent recueillir des dons des personnes physiques, plafonnés à 7 500 euros par personne (soit 15 000 euros pour un couple), dons qui sont déductibles de l'impôt sur le revenu dans une proportion de 66 % de leur montant et dans la limite de 20 % du revenu imposable[1].

La répartition de la manne

Le financement public est attribué en deux fractions.

La première fraction est proportionnelle au nombre de voix recueillies au premier tour des élections législatives. Chaque voix obtenue « rapporte » 1,42 euro, soit 7 euros pour les cinq ans de la législature. D'où l'explosion du nombre de candidats à ces élections ! Toutefois, pour obtenir ce financement public, il faut présenter au moins 50 candidats et chacun doit obtenir 1 % des voix – ce qui n'est pas insurmontable. Notons qu'outre-mer les critères sont beaucoup moins stricts : une seule candidature suffit, et il n'existe aucun seuil de suffrages. En conséquence, une voix permet d'obtenir le financement public. En 2007, un seuil de 1 % des suffrages a été institué, mais il est très facile à atteindre.

1. Jusqu'en 2014, ce plafond s'appliquait par parti. Depuis, il concerne l'ensemble des dons et cotisations accordés durant l'année par un contribuable. Mais la CNCCFP éprouve des difficultés pour contrôler cette disposition. À cet effet, elle réclame aux groupements politiques la liste unique de leurs donateurs et adhérents. Un tiers des groupements seulement a fourni cette liste et, parmi eux, le format retenu rendait tout recoupement impossible. Or, souligne la commission, la non-livraison de cette liste n'est pas sanctionnée.

L'aide publique est diminuée lorsque le parti en cause n'a pas respecté la parité hommes/femmes parmi ses candidats. Ce prélèvement est alors proportionnel à l'ampleur de la non-parité. Ainsi, l'UMP-LR ne perçoit que 0,89 euro par voix obtenue, et le Parti socialiste 1,26, soit un manque à gagner annuel de 3,6 millions pour l'UMP et 1,3 million pour le PS. C'est un décret, publié chaque année au *Journal officiel*, qui fournit la liste des partis bénéficiaires et le montant de leur attribution[1].

Au total, 29 millions d'euros sont attribués à ce titre à 43 partis politiques, dont 30 outre-mer. 5 partis (PS, LR, FN, EELV et PC) perçoivent 80 % de ce montant. En tête, le Parti socialiste reçoit 10 millions d'euros par an (pour 7,9 millions de voix). À la dernière place, le parti Archipel Demain, qui n'existe qu'à Saint-Pierre-et-Miquelon, touche 536 euros ayant obtenu 378 voix.

Le versement de *la seconde fraction* de l'aide publique est attribué aux seuls partis qui perçoivent la première. Elle est proportionnelle au nombre de parlementaires (députés et sénateurs) qui se rattachent à l'un de ces partis, chaque parlementaire représentant une somme de 37 443 euros. Chaque année, les parlementaires déclarent, dans un courrier adressé au président de leur assemblée, le parti auquel ils se rattachent. Depuis 2013, ce rattachement est

1. Voir annexe 3, p. 253.

rendu public sur le site internet de chaque assemblée. Contrairement aux sommes attribuées au titre de la première partie, qui sont fixes, les montants versés pour cette seconde partie varient chaque année en fonction du nombre de parlementaires. En 2016, le montant global s'élevait à 34 millions d'euros, correspondant à 917 parlementaires[1]. 28 partis se partageaient les attributions, dont 17 outre-mer ; 5 partis (PS, LR, UDI, PRG et PC) percevaient 91 % du montant global. En tête, le Parti socialiste, avec 398 parlementaires, recevait 15 millions d'euros. En queue figurent les dix groupements d'outre-mer n'ayant qu'un seul parlementaire (soit un montant de 37 443 euros). Au total, en cumulant les deux formes d'aide, le financement public versé aux partis politiques s'élève à 63 millions d'euros.

En 1998, première année où le financement public correspond aux critères actuellement en vigueur, cette somme s'élevait à 80 millions. On constate donc une baisse de 21 %[2]. Cette diminution est plus forte pour la première fraction, par suite des pénalités au titre du non-respect de la parité dans les candidatures aux législatives (cf. tableau 7).

1. En 2016, 6 parlementaires (2 députés, 4 sénateurs) ne se sont rattachés à aucun parti.

2. Exprimé en pouvoir d'achat compte tenu de l'inflation, le montant 1998 équivaut à 102,5 millions d'euros en valeur 2015. La baisse réelle s'élève donc à 38 %.

TABLEAU 7

Financement public des partis politiques
(en millions d'euros)

	Montant total du financement public	*dont 1re fraction*	*dont 2nde fraction*
1998	80,2	40,1	40,1
2003	73,2	33,1	40,1
2008	74,8	34,7	40,1
2012	71,1	32,9	38,1
2013	70,1	31,9	38,1
2014	63,1	28,8	34,3
2016	63,1	28,8	34,3

3. Trois failles dans le mécanisme

Le financement des partis politiques comporte toutefois trois failles importantes, que certains ont explorées avec beaucoup d'habileté.

Des critères malléables

La première concerne les critères nécessaires pour bénéficier de la première partie de l'aide publique en fonction des résultats aux élections législatives. On a vu que ces critères sont facilement remplis, puisqu'il faut présenter au moins 50 candidats qui devront, chacun, obtenir 1 % des suffrages. Dans ces conditions, des groupements corporatistes ou défendant des intérêts personnels peuvent, dès lors qu'ils ont obtenu le label « parti politique », bénéficier d'un financement public non négligeable. Ainsi, en 2007, les chasseurs décident de présenter, sous l'étiquette « Chasse, pêche, nature et traditions » (CPNT), 246 candidats respectant strictement la parité hommes/femmes (pour échapper à toute retenue financière). Ayant obtenu au total 214 389 suffrages (et aucun élu), ce groupement va percevoir pour les cinq années de la législature 1,791 million d'euros ! En 2012, CPNT a disparu et personne n'est en mesure de savoir comment et à quoi cet argent public a été utilisé, puisque les partis politiques ne sont soumis à aucun contrôle.

Autre exemple, encore plus emblématique. Depuis 2002, se présentent des candidats appartenant à un groupement politique intitulé « Le Trèfle, les nouveaux écologiques, homme-nature-animaux » qui obtient un financement public. Au total, jusqu'en 2016 compris, le mouvement a reçu une somme globale de 2 082 214 euros. Comme ses activités politiques sont inexistantes, ce financement public assure en réalité le train de vie de ses dirigeants, ce qui n'est quand même pas la finalité du financement public ! Là encore, protégé par son appellation de parti politique, le budget de ce groupement n'est soumis à aucun contrôle. Bien entendu, il n'a aucun élu.

Le détour par l'outre-mer

Ce contournement de la législation a provoqué une deuxième faille dans le système. Un exemple concret le dit mieux qu'un long développement. De 2007 à 2012, c'est un parti politique polynésien, le Fetia Api, qui a joué le rôle de structure d'accueil pour les parlementaires du Nouveau Centre élus en métropole. En effet, la plupart des candidats présentés aux élections législatives n'ayant pas obtenu 1 % des voix faute de notoriété, le parti ne pouvait pas percevoir la fraction de financement public liée aux élections et, en conséquence, ne pouvait pas non plus percevoir la fraction liée au rattachement de parlementaires. Le groupe parlementaire du Nouveau Centre a donc cherché dans les Outre-mer un parti auquel ses membres pourraient se rattacher. Ils sont alors entrés en contact avec un élu de Polynésie, qui, au titre de sa formation, Fetia Api, avait obtenu 1 021 voix et, donc, bénéficiait de la première partie du financement public à hauteur de 854 euros. C'est à ce parti que vont se rattacher les parlementaires centristes (23 en 2008, 32 en 2009, 33 en 2010, 32 en 2011, 28 en 2012). Fetia Api reçoit donc une seconde fraction du financement public importante (1 182 393 euros en 2012), qu'il reverse au parti centriste métropolitain après avoir prélevé une commission de 2 %. Cet exemple illustre la deuxième faille de ce mécanisme, à savoir les critères différents pour obtenir le financement public, selon qu'on est en métropole ou en outre-mer, et la possibilité offerte aux parlementaires métropolitains de se rattacher à un parti d'outre-mer. Cette différence a permis, pendant de nombreuses années, un détournement parfaitement légal et sophistiqué de la législation. L'histoire mérite d'être contée (et comptée !).

Metz pour tous est un « micro-parti » local créé dans les années 1990 par Jean-Louis Masson, député depuis 1978 – alors jeune polytechnicien de 31 ans. Longtemps membre de l'UMP, il est devenu non inscrit. Aux élections législatives de 1997, Metz pour tous présente en Guadeloupe deux candidats, un homme et sa femme, sous l'étiquette attractive de « Guadeloupe nature environnement[1] ». Ces deux candidats résident à Metz, où ils travaillent comme cadres à l'office des HLM du département, dont Jean-Louis Masson est président. Leurs suppléants sont, respectivement, la femme et la fille de Jean-Louis Masson. Bien sûr, il a fallu que les intéressés se déplacent en Guadeloupe pour régler les formalités électorales, mais il est des destinations plus désagréables. Au vu du résultat obtenu (une voix pour chacun) la campagne électorale n'a pas

1. Le rattachement financier à un parti politique, qui est déclaré à la préfecture lors du dépôt de candidatures, n'est pas rendu public. La dénomination officielle utilisée durant la campagne peut être différente.

été trop éprouvante. Mais l'objectif est atteint : grâce à ces deux voix, Metz pour tous va bénéficier, en 1998, de la première fraction de l'aide publique à hauteur de 21,80 francs (3,32 euros). En effet, à cette époque, pour obtenir l'aide publique outre-mer aucun seuil n'était fixé, disposition qui n'avait pas échappé à M. Masson. En conséquence, ce dernier, réélu député à Metz, a pu se rattacher à son « micro-parti » et lui apporter le montant de la seconde fraction, soit 44 890 euros. Un imprévu survient, puisque le compte de campagne de Jean-Louis Masson est rejeté pour irrégularité, ce qui entraîne l'annulation de son élection, et donc la suppression du versement « parlementaire » en 1999.

Qu'à cela ne tienne, lors de l'élection partielle qui pourvoit à son remplacement, c'est sa suppléante qui est élue, laquelle se rattache… à Metz pour tous, avec la somme correspondante. En 2001, Jean-Louis Masson est élu sénateur, ce qui lui permet de se rattacher une fois encore à Metz pour tous. Tout est bien qui finit bien. Arrivent les élections législatives de 2002, Metz pour tous présente, cette fois, un seul candidat dans la troisième circonscription de La Réunion. Son score est tout simplement remarquable puisqu'il obtient une voix, qui génère un financement public de 1,63 euro versé chaque année pendant la législature 2002-2007. Ce financement au titre de la première part permet au sénateur Masson de se rattacher à Metz pour tous !

Ayant découvert et dénoncé cette anomalie, j'obtiens, non sans mal, une modification de la législation outre-mer. Désormais, pour obtenir l'aide publique, il faudra obtenir 1 % des voix. Cette disposition prendra effet en 2007. Néanmoins, il n'est plus possible de présenter n'importe qui. Notre sénateur polytechnicien prend alors contact avec une députée polynésienne, fâchée avec le « parrain » local qu'est Gaston Flosse. Assurée de ne plus bénéficier de l'investiture de son parti politique, elle accepte de se rattacher à Metz pour tous et de lui attribuer sa quote-part de financement public (à l'époque 44 394 euros). Cette somme sera bien utile à notre élue polynésienne pour financer sa campagne législative de 2007 où elle obtient, pour le compte de Metz pour tous, 8 746 voix (22,5 %, soit beaucoup plus que le seuil requis). Conséquence : Metz pour tous perçoit désormais la première fraction de l'aide publique à hauteur de 14 632 euros, ce qui fait quand même plus sérieux. Ce souci de respectabilité explique le changement de nom du « micro-parti » qui désormais s'appelle – défense de rire – « Démocratie et République ». Cette appellation, moins localisée, facilite le rattachement d'un nombre croissant de parlementaires : 3 en 2008, 7 en 2009, 9 en 2010 et 13 en 2011 (9 députés et 4 sénateurs). Cette année-là, Démocratie et République, ex-Metz pour tous, devient le huitième parti de France pour le nombre de parlementaires ! Qui sont-ils ? Impossible de le savoir, car le rattachement des parlementaires n'est pas encore public. Ce succès s'explique, en réalité, par un fonctionnement tout à fait particulier. Ce micro-parti devient un « parti-guichet[1] ». En effet, le financement apporté par les parlementaires leur est reversé, moyennant une légère retenue pour frais de gestion. Mieux encore, ces parlementaires versent des cotisations élevées (en 2009, 2 d'entre eux verseront plus de 9 000 euros), qui, non seulement, donnent droit à une déduction fiscale, mais, en plus, leur sont rendues par Démocratie et République sous forme de subvention politique. Pour les élus concernés, c'est le jackpot ! Bien entendu, tout cela est en parfaite légalité avec la législation sur le financement politique. Et, comme il s'agit d'un « parti politique », aucun contrôle n'est effectué sur les comptes.

Pour mettre un terme à ce système sophistiqué, mais fort peu vertueux, j'ai proposé qu'un parlementaire élu en métropole ne puisse pas se rattacher à un parti politique ne présentant de candidats qu'en Outre-mer. Une première tentative, en décembre 2010, ne rencontre pas l'adhésion de la majorité de l'époque. Mais je constate que le débat a donné des idées à d'autres, car, en 2013, un autre parti appelé Indépendants de la France de métropole et de l'Outre-mer (IFMOM) a présenté, aux élections législatives de 2012, 2 candidats outre-mer qui ont obtenu 500 voix et, en conséquence, un financement public de 787 euros, ce qui a permis à cinq parlementaires de se rattacher à ce parti. Désor-

1. Mathilde Mathieu, « Après les partis de poche, le parti guichet », Mediapart, 3 février 2011.

mais, deux « partis politiques » détournent, en toute légalité, le financement public. Cela ne peut plus durer.

À l'automne 2013, la majorité ayant changé, je reviens à la charge et obtiens le vote de la disposition refusée trois ans auparavant. Jean-Louis Masson saisit aussitôt le Conseil constitutionnel afin de faire annuler la disposition adoptée. Le 18 juillet 2014, le Conseil constitutionnel rejette sa demande. Désormais applicable, le nouveau dispositif produit ses effets en 2014. Jean-Louis Masson, élu en métropole, ne peut plus se rattacher à Démocratie et République, ex-Metz pour tous, qui n'a présenté de candidats qu'en Outre-mer. Il doit rejoindre un autre parti, métropolitain celui-là. Quant aux Indépendants de la France de métropole et d'outre-mer... ils disparaissent purement et simplement. Mais l'histoire n'est pas terminée, car les uns et les autres ont trouvé une nouvelle structure d'accueil, qui s'appelle Debout la République. Il s'agit là d'un « vrai » parti politique métropolitain, qui a présenté 298 candidats, dont au moins 50 ont obtenu 1 % des voix (152 346 au total) et dont le fondateur Nicolas Dupont-Aignan est député[1] – et candidat souverainiste à l'élection présidentielle. La liste des rattachements étant désormais publique, il apparaît que ce parti accueille les orphelins de Démocratie et République et en particulier son fondateur. Au total, il compte, en

1. Avant les élections de 2012, Debout la République ne percevant pas la première fraction de l'aide publique, Nicolas Dupont-Aignan était rattaché à Démocratie et République.

2016, 7 parlementaires dont beaucoup ne partagent pas les options politiques de Dupont-Aignan. Il est vrai que ce rattachement n'a qu'un objectif : récupérer son quota d'argent public pour financer sa propre activité politique.

Remboursement de prêts lucratif : l'exemple du FN

La troisième faille apparaît dans les conditions matérielles liées au financement des partis. Ceux-ci peuvent en effet accorder aux candidats des prestations (matériel de propagande, concours de sociétés de communication...), dont le montant est remboursable par l'État. À l'origine, la CNCCFP avait considéré que ces prestations correspondaient à des avantages en nature, non remboursables. Mais le Conseil d'État en a jugé autrement, compte tenu du silence de la loi. De plus, les partis politiques peuvent accorder des prêts aux candidats, alors même que la CNCCFP n'a pas les moyens de vérifier l'origine des fonds prêtés, ni la réalité du remboursement. Enfin, les personnes physiques peuvent accorder des prêts aux partis politiques. Cette pratique n'est pas fréquente, mais elle permet des abus. Ainsi la CNCCFP relève qu'« une seule et même personne ne devrait pas pouvoir détenir une mainmise financière sur un parti politique, permettant ensuite de s'assurer un financement total de sa campagne électorale, dont une partie ou la totalité serait éventuellement remboursée par l'État[1] ». La commission ne cite aucun nom, mais chacun aura reconnu les pratiques de la famille Le Pen, comme le démontre la publication des comptes de leurs micro-partis.

Jean Marie Le Pen a fondé un micro-parti appelé Cotelec (acronyme de cotisations électorales) qui ne possède pas d'adhérents et ne présente pas de candidats – il ne perçoit donc pas de financement public. Cotelec a une activité uniquement financière. Ses ressources proviennent des dons de personnes physiques (200 000 euros par an[2]) et des emprunts auprès de banques et de particuliers (à hauteur de 2,6 millions par an). Ces sommes sont prêtées (à des taux d'intérêt deux fois supérieurs) au Front national, ce qui génère des produits financiers nets pour Cotelec. Ainsi, lorsque le Front national a connu des difficultés financières à la suite de la diminution de son financement public, consécutif aux législatives de 2007 et à un conflit avec son imprimeur, Cotelec lui a permis de surmonter cette mauvaise passe. En 2012, Cotelec a financé la campagne de Marine Le Pen et, en 2014, grâce à un emprunt russe, a financé les candidats aux élections européennes. Cotelec constitue la « force de frappe financière » de Jean-Marie Le Pen. L'endettement de Cotelec ne cessant de croître et atteignant 8,5 millions à la fin 2014, pour

1. CNCCFP, Quinzième rapport d'activité, 2012/2013, p. 145.

2. Une modification de la législation impose aux partis de fournir désormais à la CNCCFP la liste de leurs donateurs. Conséquence : en 2014, les dons à Cotelec deviennent dérisoires (388 euros).

un actif de prêt de 5,4 millions et des disponibilités de 3,9 millions la CNCCFP a demandé des précisions sur les conventions de prêt. Dans un premier temps, Cotelec a répondu qu'il n'était pas en mesure de fournir les documents demandés. Il faudra l'insistance de la CNCCFP pour obtenir une liste « sommaire » des personnes physiques et morales ayant consenti des prêts.

Mais la CNCCFP ne peut obtenir davantage de précisions, compte tenu de la liberté totale de fonctionnement dont disposent les partis politiques en vertu de la Constitution. Au Front national, la politique se faisant en famille, Marine Le Pen, à son tour, a créé son propre micro-parti, dénommé Jeanne, quand elle est devenue présidente du FN. N'ayant pas d'adhérent et ne percevant pas de dons, Jeanne fonctionne comme une société commerciale. Le groupement fournit aux candidats du FN – législatives 2012 et municipales 2014 – un kit de campagne comportant affiches, tracts, journal de campagne, site internet, au coût de 16 650 euros pièce et, pour le financer, un prêt au taux de 6,5 % qui constitue l'apport personnel des candidats. Ces derniers peuvent faire figurer dans leurs comptes de campagne les intérêts, lesquels, on l'a vu, constituent une dépense remboursable par l'État. La fabrication des kits est assurée par Riwal, une société possédée par des membres du FN proches de Marine Le Pen et, par ailleurs, impliqués également dans l'organisation de Jeanne.

Le compte de chaque candidat comporte, en dépenses, le montant du kit, ainsi que les intérêts du prêt obtenu auprès de Jeanne et, en recettes, le montant de ce prêt qui constitue l'apport personnel du candidat. Dès lors que le candidat obtient 5 % des voix, l'État lui rembourse une partie de ses dépenses. Comme l'a raconté *Le Monde*, ce système a été découvert grâce à un candidat FN aux législatives de 2012, étonné de recevoir 17 400 euros sur son compte personnel, alors que la campagne lui en avait coûté 450. Il s'agissait du remboursement correspondant à l'emprunt obtenu auprès de Jeanne à l'insu de son plein gré, selon ses dires. Il a donc fait part de son étonnement auprès de la CNCCFP qui a approfondi le financement de la campagne des candidats FN[1] et effectué un signalement à la justice qui a entraîné l'ouverture d'une instruction judiciaire.

Lors de l'examen des comptes 2014, la commission relève que si la facturation de services aux candidats figure dans les recettes de huit partis politiques, à hauteur de 8 % de leurs ressources, ce pourcentage s'élève à près de 80 % dans le budget de Jeanne.

À l'occasion du dépôt des comptes 2014 de Jeanne, la CNCCFP relève que les écritures comptables ne correspondent pas à la réalité des prestations fournies. Au regard de l'importance de certains postes comptables (le budget de Jeanne s'élève à 5,4 millions d'euros, ce qui en fait le sixième parti politique en termes financiers), la commission a demandé des précisions sans obtenir

1. Gérard Davet et Fabrice Lhomme, « Marine Le Pen rattrapée par l'affaire du financement du FN », *Le Monde*, 16 avril 2015.

la moindre réponse. Les responsables du micro-parti n'ignorent pas que l'absence de réponse aux demandes de la commission n'est pas sanctionnée et que le contrôle des comptes des partis politiques est interdit. Un nouveau signalement a été effectué, la commission considérant que, lorsque la formation politique entretient des liens étroits avec son prestataire, ce dernier perçoit finalement de l'État, qui rembourse les dépenses électorales, une marge qui peut être importante. Il est vraisemblable que les observations de la CNCCFP ont aidé les enquêteurs judiciaires dans leurs investigations. En octobre 2016, les deux juges d'instruction, après avoir mis en examen les principaux responsables de Jeanne et du FN, ont décidé de renvoyer devant un tribunal correctionnel dix personnes physiques et morales, dont le Front national, Jeanne, leur prestataire ainsi que les trésoriers de ces deux partis, au motif « d'escroquerie et abus de biens sociaux ». Il appartient désormais aux juges de se prononcer sur les faits incriminés.

4. Un contrôle presque impossible

La CNCCFP ne peut, à l'heure actuelle, exercer de contrôle sur le financement et le fonctionnement des partis politiques. Alors que le contrôle des campagnes électorales est rigoureux, celui des partis politiques est simplement formel : les obligations des partis se limitent au dépôt, le 30 juin au plus tard, de leurs comptes, certifiés par deux commissaires aux comptes.

Aucune pièce justificative n'est fournie. La CNCCFP assure leur publication « sommaire » au *Journal officiel* à la fin de l'année. Son rôle consiste uniquement à vérifier que ces obligations ont été respectées.

20 % des « partis politiques » agréés ne déposent pas leurs comptes, soit, pour 2014, 97 groupements sur 431. Parmi les déposants, environ 7 % voient chaque année leurs comptes rejetés, soit par défaut de certification ou par dépôt hors délai. Il s'agit, dans tous les cas, de micro-partis à la dénomination souvent folklorique. Récemment, le Parlement a autorisé la commission à demander aux partis tous justificatifs qui apparaîtraient nécessaires, par exemple pour connaître les modalités des emprunts, ou le calcul des services rendus par le parti aux candidats, mais, comme on l'a vu, le défaut de réponse n'étant pas sanctionné, cette disposition n'a guère d'effet.

De plus, la commission doit vérifier le respect de la législation concernant les dons des personnes physiques, plafonnés depuis 2014 à 7 500 euros par personne[1] tous groupements confondus, alors qu'auparavant ce plafond s'appliquait parti par parti. Il s'agit de limiter ainsi le nombre des micro-partis. Mais la commission a constaté que certaines formations sanctionnées avaient aussitôt créé un parti politique « frère », uniquement destiné à se substituer à la formation défaillante pour

1. Du fait de la défiscalisation de ces dons, la somme s'élève à 15 000 euros par foyer fiscal.

l'encaissement des dons et cotisations, afin d'en reverser ensuite le montant, en toute légalité, au parti sanctionné.

Le rejet du compte des partis entraîne trois types de sanction : pour ceux qui bénéficient de l'aide publique, c'est la suppression de cette aide pour l'année suivante. Jusqu'à présent, aucune sanction de ce type n'a été prise.

Pour les micro-partis, c'est l'interdiction de percevoir des dons défiscalisés et l'interdiction de financer une campagne électorale[1].

Autant dire que les sanctions ne sont pas dissuasives. La publication « sommaire » des comptes au *Journal officiel* présente toutefois l'avantage de connaître les grandes lignes des recettes et des dépenses des principaux partis politiques (cf. graphiques 8 et 9).

Recettes : l'État d'abord

Le financement public direct constitue désormais la principale ressource des partis politiques : 36 % en moyenne, les chiffres extrêmes allant de 10 % (PCF) à 72 % (PRG). À ce financement public direct, il convient d'ajouter le financement public indirect que représente la défiscalisation des cotisations et des dons. En additionnant ces deux types de financement, il apparaît que le financement public représente désormais la moitié des ressources des partis.

1. La Commission souligne que cette interdiction peut être limitée dans le temps, compte tenu du calendrier d'examen des comptes.

Les cotisations des adhérents fournissent un sixième des recettes. Si l'on ajoute les contributions des élus (importantes dans les partis de gauche), on arrive à un tiers des ressources.

Quant aux dons des particuliers, les seuls autorisés, ils fournissent 10 % de l'ensemble – proportion plus élevée dans les partis de droite, mais très faible au FN.

GRAPHIQUE 12

Les recettes des partis politiques en 2014

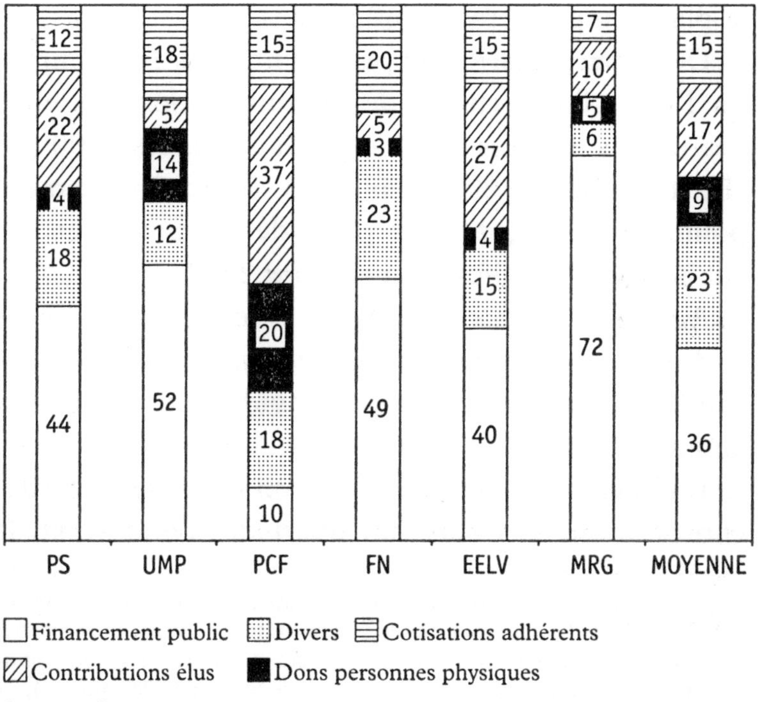

SOURCE. CNCCFP.

Dans les ressources du PS, on relève la faiblesse des dons des particuliers, constante depuis les années 2000. Les contributions des élus et adhérents reviennent à leur niveau de 2000 (un tiers des recettes), après être montées à 45 % dans les années 2010.

À l'UMP-LR, la faiblesse de la contribution des élus est une donnée structurelle permanente depuis 2000. En revanche, le niveau des dons est en progression et atteint désormais un septième des recettes. Enfin l'UMP est le parti où le financement public occupe la place prépondérante (60 à 70 %).

Deux particularités apparaissent dans les comptes du PCF : l'importance de la contribution des élus, néanmoins en baisse par rapport aux années 2000 (où elle atteignait 50 %), et la faiblesse du financement politique, consécutif à la perte des suffrages (et des élus), qui se manifeste à partir de 2007.

Au FN, les ressources sont, essentiellement, liées au financement public et aux prestations fournies aux candidats. Dons et contributions des élus sont marginaux[1].

Enfin chez les Verts (EELV), on relève le poids des contributions des élus (un quart des ressources), la

1. S'agissant de ce parti, on n'oubliera pas l'existence de partis cousins qui mobilisent des sommes importantes. Ainsi, aux recettes du FN (10,2 millions en 2014), il convient d'ajouter celles de Jeanne (5,4 millions) et des prêts de Cotelec (variables selon les années), ce qui place le FN au 4e rang des partis politiques pour l'importance de ses ressources.

quasi-inexistence des dons et un financement public qui varie au gré des résultats électoraux (20 % après 2007, 40 % depuis 2012).

La place tenue par le financement public est devenue telle qu'elle n'incite guère les partis politiques à développer le financement « privé » auprès des personnes physiques et des adhérents.

Dépenses : fonctionnement et personnel

Le montant total des dépenses des 320 formations politiques qui ont déposé leurs comptes avoisine les 200 millions d'euros[1]. Les quatre partis disposant du plus gros budget sont le PS (60 millions en 2014), l'UMP-LR (30 millions), qui a réduit sensiblement ses dépenses par rapport à 2013 (43 millions), le PCF (29 millions) et le FN (11,4 millions[2]). Si l'on retient seulement les 13 partis dont le budget est supérieur à 2 millions d'euros, le montant moyen des dépenses d'un parti politique s'élève à 12,5 millions (montant variant de 60,7 millions pour le PS à 2 millions pour le PG).

1. En 2012, année d'élections présidentielle et législatives, il monte à 282 millions.

2. 16,5 millions avec Jeanne.

GRAPHIQUE 13

Dépenses des partis politiques 2008-2013
(en millions d'euros)

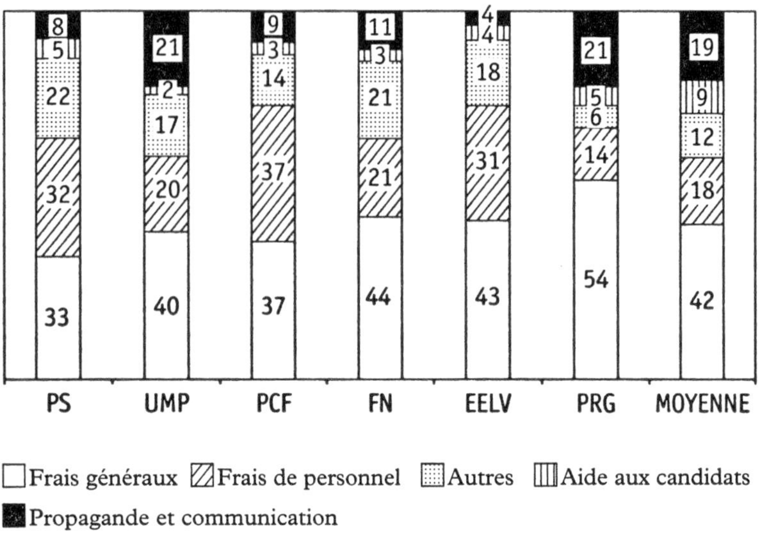

SOURCE. Éric Phélippeau, *Le Financement de la vie politique*, *op. cit.*

L'analyse de ces dépenses, réalisée sur cinq années consécutives, fait ressortir l'importance des frais généraux. Cette rubrique regroupe l'ensemble des dépenses courantes (achats, loyers, charges d'exploitation, déplacements et voyages…) et constitue près de la moitié des dépenses (soit deux fois plus qu'en entreprise), mais un tiers seulement au PS et au PCF.

Viennent ensuite les frais de personnel. Leur importance ne surprend pas, puisque l'activité des partis repose sur le recours à la matière grise. Mais on ignore précisément le nombre des emplois concernés, ainsi que les rémunérations, domaines sur lesquels les partis ne communiquent pas. Les dépenses de personnel sont plus importantes dans les partis de gauche (un tiers des dépenses) que ceux de droite (un cinquième).

La propagande et la communication représentent un cinquième des dépenses. Ce poste varie lui aussi sensiblement selon les partis (8 % au PS, 21 % à l'UMP-LR). Dans les petits partis de droite et de gauche, la propagande représente entre un quart et un tiers des dépenses.

L'aide fournie aux candidats correspond aux dépenses prises en charge directement par le parti ainsi qu'aux aides financières accordées. La somme est modeste, plus faible dans les grands partis (moins de 5 %) et plus élevée dans les petits partis (10 à 20 %). Il est vrai que le financement public des campagnes ne justifie plus l'intervention des partis.

Vers une plus grande transparence

Le financement public des partis comporte, on l'a vu, de multiples failles habilement explorées par des opportunistes. Elles ont toutes la même origine : l'absence de contrôle sur les comptes des partis politiques, dont la définition n'existe pas et dont l'existence ne repose que sur un article général de la Constitution. Chaque fois que l'on s'est efforcé d'esquisser une définition, l'exercice s'est révélé vain. Le recours aux études universitaires ou l'analyse des législations étrangères font apparaître autant de difficultés insurmontables. Au demeurant, on voit mal les responsables politiques s'attaquer à la liberté complète, protégée par l'article 4 de la Constitution. Pour autant, les dérives liées au financement public, qui ne peuvent aller qu'en s'amplifiant, méritent d'être combattues en améliorant la législation.

Les raisons qui expliquent la multiplication des groupements politiques bénéficiaires de l'aide publique sont bien identifiées et le remède connu : il convient de relever le seuil des suffrages nécessaires pour bénéficier de l'aide. Lors de la mise en place de ce dispositif, en 1990, un seuil avait été fixé à 5 %. Le Conseil constitutionnel l'avait supprimé en considérant qu'il portait atteinte au pluralisme des partis politiques. On en est resté là, en oubliant de lire la décision du Conseil constitutionnel jusqu'au bout. En effet, ce dernier ne refusait pas le principe d'un seuil, mais son niveau. Aujourd'hui, on considère qu'un seuil de 2,5 %, voire de 3 % des suffrages serait sûrement validé. Il ne s'agit pas d'empêcher l'apparition de nouvelles forces politiques, mais de réserver l'argent public à celles qui ont fait la preuve de leur existence. Or, un seuil trop faible favorise toutes les dérives, on l'a vu. Dans le passé, certaines sectes ont même pu, par ce biais, obtenir un financement public !

S'agissant de l'Outre-mer, la dérive était pour le moins ubuesque puisqu'une seule voix suffisait pour bénéficier de l'aide publique ! Le relèvement à 1 % des suffrages ne constitue en réalité aucune barrière et favorise les comportements individualistes. C'est pourquoi il conviendrait de n'accorder l'aide publique qu'aux seuls partis présentant des candidats dans toutes les circonscriptions du territoire concerné, et d'exiger, dans chacune de ces circonscriptions, l'obtention d'un seuil de suffrages, semblable à celui de la métropole.

La liberté constitutionnelle permet le développement de pratiques étonnantes. Il est évident qu'un parti politique n'est ni une banque ni une entreprise commerciale. Or, c'est ce qui se produit. Il convient donc de proscrire absolument ce type d'activité au sein des partis politiques, en les réservant à des organismes privés, lesquels sont soumis aux contrôles habituels.

Enfin il importe de prévoir, envers les partis défaillants, des sanctions dissuasives, par exemple le remboursement (à l'État) des sommes indûment perçues.

Concernant les « vrais » partis politiques, l'aide publique occupe désormais une place prépondérante dans leur fonctionnement, au point de limiter les ressources traditionnelles que sont les cotisations des adhérents et les dons des personnes physiques. Il y a là une évolution dangereuse pour les partis eux-mêmes. Je propose donc de mettre un plafond à l'aide publique afin qu'elle ne puisse dépasser le montant des ressources privées, entendues comme la somme des cotisations des adhérents, des élus et les dons des personnes physiques.

Il s'agirait, en quelque sorte, d'écrêter l'aide à ce niveau. Concernant les dons, il faudrait les encadrer davantage, comme au Québec par exemple, de manière à assurer plus d'égalité entre les partis. De plus, ce financement ne saurait demeurer sans contrôle. Réserver l'usage des fonds publics à la couverture des frais généraux et des dépenses de personnel semble de bon sens, et cela impliquerait de confier à la CNCCFP la compétence et les moyens de vérifier cette utilisation.

Enfin, dans un souci de transparence, il convient de faciliter l'accès des citoyens aux comptes des partis politiques, en améliorant leur présentation. Les partis sont indispensables à la vie d'une démocratie et le financement public leur permet d'échapper – enfin, on l'espère – à certaines influences financières. Mais, en contrepartie, leur fonctionnement doit être beaucoup plus transparent. Cette transparence constitue une condition du renouveau de la démocratie.

IV

Le coût des pouvoirs publics

Palais de l'Élysée, hôtel Matignon, palais Bourbon, hôtel de Lassay, palais du Luxembourg... on se croirait dans un guide hôtelier, alors qu'il s'agit des principaux lieux du pouvoir politique en France. Ces bâtiments, construits au XVIIIe siècle[1] dans la même zone géographique au cœur de Paris et classés aux Monuments historiques, sont la propriété de la République et du peuple français. Ils accueillent la présidence de la République (depuis 1848), le Premier ministre (depuis 1935), l'Assemblée nationale (depuis 1798) et son président (depuis 1843) ; le Sénat (depuis 1799). Il s'agit de demeures majestueuses, avec de vastes pièces de réception dont le décor fait l'admiration des hôtes étrangers, alors que, sous les combles, de multiples petits bureaux, sommairement aménagés, accueillent les personnels. Faute de pouvoir agrandir les bâtiments, il a fallu acheter (ou louer) au fil du

1. À l'exception du palais du Luxembourg, édifié cent ans plus tôt.

temps de nombreux bâtiments annexes à proximité pour accueillir de nouveaux effectifs.

Alors que les ministères concentrent progressivement leurs bureaux et effectifs dans des bâtiments modernes et fonctionnels, comme à Bercy (Finances) ou à Balard (Défense), les bâtiments de la présidence de la République et de l'Assemblée nationale ont une telle valeur symbolique que leur déplacement semble impossible, d'autant plus que, dans cette hypothèse, il faudrait cependant continuer à entretenir ces monuments chargés d'histoire. Cette responsabilité est à la charge du ministère de la Culture, qui a créé un établissement public – l'OPPIC, Opérateur du patrimoine et des projets immobiliers de la culture – pour assurer la maintenance de ces bâtiments. Ce n'est donc pas ce coût d'entretien du patrimoine qui a retenu mon attention, mais le coût du fonctionnement courant de ces institutions. À tout seigneur, tout honneur, commençons par la présidence de la République.

1. La présidence de la République

Depuis 2008, la présidence de la République dispose enfin d'un vrai budget, transparent et contrôlé chaque année par la Cour des comptes. Auparavant, le Parlement votait, sans débat, une dotation annuelle, dont l'utilisation n'avait donné lieu à aucune question depuis 1958. En 2001, j'ai brisé le silence et l'opacité qui régnaient depuis cinquante ans sur le budget de la présidence. Après plusieurs années d'investigations parlementaires, les multiples anomalies affectant le fonctionnement et le financement de la présidence ont été mises au jour, ce qui a conduit à la réforme de 2008[1].

Antérieurement, on dépensait... sans compter, ce qui paraît invraisemblable, pour une institution qui constitue le cœur de notre fonctionnement démocratique. Mais c'est l'Histoire qui explique une telle aberration.

Quand les ministères finançaient l'Élysée

Lorsque le général de Gaulle arrive au pouvoir en 1958, il fait adopter une nouvelle Constitution qui installe le président de la République comme la clé de voûte de nos institutions. Le Parlement, tout-puissant sous la IVe République, voit ses attributions diminuer. Pour ne pas troubler davantage députés et sénateurs, le chef de l'État ne modifie pas le régime financier de la présidence. Celle-ci continue à fonctionner avec une dotation modeste votée par le Parlement. Il n'empêche, les pouvoirs de la présidence de la République s'accroissent au fil des années et, par conséquent, ses besoins financiers également. La dotation devenant insuffisante pour supporter toutes ces nouvelles dépenses, les ministères sont mis à contribution : par exemple, lorsque le président se déplace,

1. Voir René Dosière, *L'Argent caché de l'Élysée*, *op. cit.*

ce sont les budgets des ministères de l'Intérieur et des Affaires étrangères qui en supportent le coût. Des personnels et des nouveaux locaux sont-ils nécessaires ? D'autres ministères viennent à la rescousse ! Ainsi le ministère de la Culture prend-il l'habitude de financer, sur le budget de sa direction régionale de l'Île-de-France, les dépenses de fournitures administratives de l'Élysée.

À l'époque, ces petits arrangements ne préoccupent personne. Il est vrai que la personnalité du général de Gaulle et le contexte politique lié à la guerre d'Algérie (qui ne prendra fin que quatre ans plus tard) occultent tout autre sujet. Les crédits demandés sont donc votés sans débat, par respect pour la fonction présidentielle. Une fois, cependant, en octobre 1964, un jeune député socialiste, André Chandernagor, déplore le coût du long voyage du chef de l'État en Amérique latine et s'interroge sur l'opacité qui règne sur le budget de l'Élysée. Mais le débat, qualifié de « mesquin » par le Premier ministre de l'époque, Georges Pompidou, tourne court, ses collègues de l'opposition ne souhaitant guère suivre André Chandernagor sur ce terrain. Le silence de plomb retombe ensuite sur l'épineuse question du budget de la présidence.

À défaut de connaître la globalité de ce budget, on peut suivre l'évolution annuelle de la dotation parlementaire : 2,8 millions d'euros (valeur 2015) sous la présidence du général de Gaulle ; 3,7 millions sous Giscard d'Estaing ; 4 millions sous Mitterrand ; 21 millions sous Chirac en 2001. Cette dernière augmentation est suffisamment importante pour retenir mon attention et m'incite à chiffrer les dépenses engagées par les divers ministères.

Ainsi, pour l'année 2005, au budget « visible », financé par la dotation de l'État à hauteur de 32 millions d'euros, je démontre qu'il convient d'ajouter au moins 58 millions d'euros en provenance d'une quinzaine de ministères ou d'institutions publiques. Soit près de deux fois le budget officiel. Cette découverte, largement relayée par les médias, d'un budget réel deux fois supérieur au budget affiché, va contraindre le président de la République à opérer une véritable rupture.

Un budget tout neuf !

À partir de 2008, le budget de la présidence regroupe la totalité, ou presque, des dépenses dispersées dans les différents départements ministériels. Il s'agit d'une opération en principe neutre pour les finances publiques, les crédits ministériels étant minorés d'autant. La présidence annonce également que son budget sera désormais soumis à l'examen de la Cour des comptes, qui en contrôlera chaque année la régularité.

Désormais les dépenses de l'Élysée deviennent transparentes. La commission des finances de l'Assemblée nationale, silencieuse pendant des décennies, analyse le budget de la présidence dans un rapport particulier de plus en plus étoffé, car l'Élysée accepte dorénavant de répondre aux questions du rapporteur spécial. De son côté, le rapport annuel de la Cour des comptes fournit de multiples précisions. Les magistrats, qui ont accès aux factures, ne manquent pas de relever certaines dérives, tout en formulant des recommandations qui le plus souvent seront suivies.

Soucieux de valoriser cette opération vérité, le président Nicolas Sarkozy en profite pour souligner les errements de son prédécesseur. On apprend ainsi qu'il n'existait pas d'outils internes de gestion, pas d'engagements de dépense, ni de bons de commande ; le paiement, notamment pour les achats de fruits et légumes ou de boucherie, s'effectuant sur production de simples factures. La mise en concurrence des fournisseurs était à peu près inexistante. Concernant les combustibles, une seule et même société fournissait le palais de l'Élysée et les résidences présidentielles. Pour la garden-party du 14 juillet, l'aménagement des tentes était le fait du même prestataire depuis 1995.

Autant d'exemples qui viennent conforter mes travaux. Au fond, tout se passait « à la bonne franquette », dans l'ignorance quasi absolue du code des marchés publics. Qui aurait pu penser que les comptes de l'Élysée étaient à ce point mal tenus ? Plus encore, il apparaît que les conseillers, pourtant bien rémunérés, ne payaient pas leurs plateaux-repas, que la facturation de la crèche ne tenait pas compte des revenus des parents et que les soixante personnes logées dans le bâtiment annexe, dit palais de l'Alma, ne payaient aucune charge...

Une reprise en main est donc devenue indispensable. Elle est conduite par le directeur de cabinet, Christian Frémont. Celui-ci s'appuie sur les recommandations de la Cour des comptes pour modifier les pratiques antérieures et faire entrer les méthodes modernes de gestion à l'Élysée.

Les dépenses chiffrées

Sous le quinquennat de François Hollande, ces efforts sont poursuivis et approfondis par ses directeurs de cabinet Sylvie Hubac, Thierry Lataste et Jean-Pierre Hugues. Dès son arrivée à l'Élysée, l'orientation est donnée : il convient d'engager une réduction significative des dépenses afin de montrer aux Français que la présidence de la République s'associe aux efforts d'économies réclamées aux administrations. Les tableaux 8 et 9 et le graphique 14 qui retracent l'évolution du budget de la présidence montrent que l'objectif a été atteint. Les économies réalisées concernent, conjointement, les principaux postes concernés.

Le **personnel** employé à l'Élysée constitue le principal poste de dépenses (67 %). Longtemps la présidence de la République a refusé de communiquer sur ses effectifs, faute d'en connaître exactement le nombre.

Un « recensement complet » effectué en novembre 2007 fait apparaître la présence de 1 045 personnes.

Depuis, cet effectif a été réduit pour atteindre 873 personnes en mai 2012, puis 806 fin 2016, soit une

TABLEAUX 8 ET 9

Évolution du budget de la présidence sous François Hollande
(en millions d'euros)

A. DÉPENSES

	Pour mémoire 2011	*2013*	*2015*
Frais de personnel	68,0	67,6	65,4
Déplacements	17,7	14,8	13,8
Fonctionnement courant	20,3	14,7	14,0
Gros travaux	5,0	4,0	4,8
Total	**111,0**	**101,1**	**98,0**

B. RECETTES

Dotation de l'État	110	101,2	100
Intérêts financiers du compte	1,0	1,0	–
Produits courants	1,0	2,4	1,8
Total	**113**	**104,6**	**101,8**

diminution de 8 % durant le quinquennat de François Hollande. Les quatre cinquièmes de ces personnels sont des fonctionnaires mis à disposition de la présidence par les divers ministères, principalement l'Intérieur, qui gère la gendarmerie, la Défense, les Finances. À eux trois, ces ministères fournissent les trois quarts du personnel mis à disposition (cf. tableau 10).

GRAPHIQUE 14

Évolution du budget de la présidence (2008-2013)

(en millions d'euros)

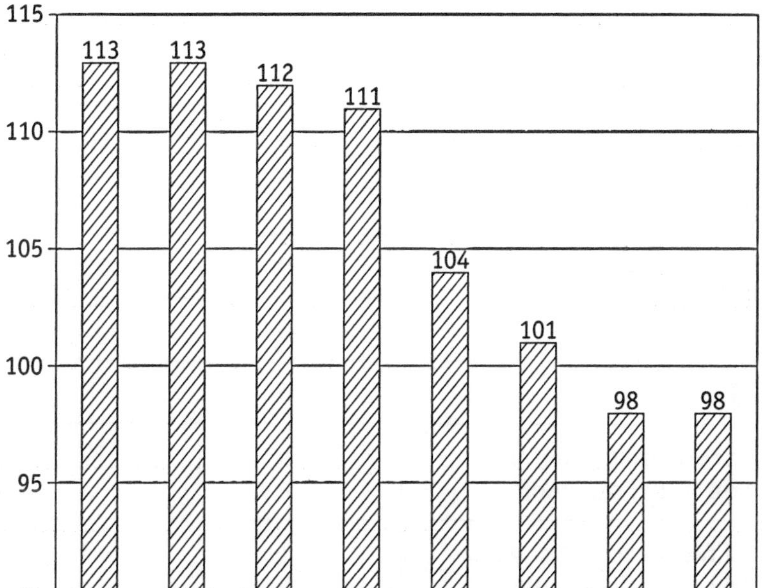

SOURCE. Présidence de la République.

TABLEAU 10

État des personnels mis à disposition

Ministères	*1er juillet 2012*	*1er juillet 2016*
Affaires étrangères	30	25
Affaires sociales	9	8
Agriculture	5	4
Culture, communication	43	30
Défense	111	97
Écologie, développement durable et énergie	4	3
Éducation nationale et Enseignement supérieur et recherche	14	18
Finances, comptes publics	69	62
Intérieur	354	332
Justice	6	8
Secrétariat général du gouvernement	6	7
Transports (Dir. gén. de l'aviation civile)	1	1
Travail, emploi et dialogue social	–	1

Organismes publics	*1er juillet 2012*	*1er juillet 2016*
Agence française du développement	1	1
Assistance publique/ Hôpitaux de Paris	9	8
Caisse des dépôts et consignations	–	1
Commissariat à l'énergie atomique	1	1
Centre national de la fonction publique territoriale	–	1
COFACE	1	1
Conseil d'État	4	1
Cour des comptes	2	–
DATAR	1	1
Hautes études en sciences sociales	0	1
France Télécom/Orange	26	18
La Poste	5	4
Préfecture de police de Paris	8	17

Collectivités locales	*1er juillet 2012*	*1er juillet 2016*
Ville de Maisons-Alfort	–	1
Ville de Clamart (Hauts-de-Seine)	–	1
Ville de Vélizy (Yvelines)	1	1
Ville de Paris	3	6
Département de Seine-et-Marne	1	–
Totaux	**714**	**660**

SOURCE : Présidence de la République.

Les ministères concernés continuent à assurer la rémunération de ces personnes, mais l'Élysée rembourse leur coût global sur la base d'une convention avec chaque ministère. Comme ces personnels ne perçoivent plus les primes d'activité de leur ministère, c'est la présidence qui leur attribue une indemnité de sujétions particulières. Longtemps, ces primes étaient versées en argent liquide, prélevées sur les fonds secrets, et donc non soumises à l'impôt. À partir du 1er janvier 2002, les fonds secrets attribués à l'Élysée ont disparu, ainsi que les primes non déclarées. En contrepartie, le budget a été augmenté à due concurrence, et les indemnités figurent désormais sur la fiche de paie.

Outre ces fonctionnaires, l'Élysée recrute directement, par contrat, 146 personnes aux profils très divers : collaborateurs du chef de l'État issus du secteur privé, secrétaires, personnel de service, techniciens, etc.[1]. Ces contrats prennent fin avec le mandat du président, contrairement à ce qui se passe pour les fonctionnaires qui sont maintenus en fonction ou remis à la disposition de leur ministère. Par ailleurs, les traitements ont été diminués, plafonnés, afin qu'aucun collaborateur ne perçoive une rémunération supérieure à celle du président (elle-même réduite de 30 %).

Les **dépenses de fonctionnement**, qui regroupent l'ensemble des charges courantes (alimentation, électricité, eau chauffage, téléphone, carburants...), constituent le deuxième poste. Leur diminution s'explique par un recours accru à la concurrence en matière de marchés (70 % des achats sont concernés), une gestion interne plus fine des prestations (notamment pour la restauration et les fleurs) et une réduction générale du « train de vie ». Ainsi le nombre de véhicules du parc automobile a diminué de 88 (en mai 2012) à 61 (en mai 2016) et comprend davantage de voitures plus modestes et plus propres (électriques et hybrides) qui constituent le quart du parc automobile[2]. Simultanément, une mutualisation accrue a permis de réduire le

1. À l'été 2016, on a appris qu'un coiffeur avait été recruté à temps plein, avec un traitement exorbitant de 9 500 euros, supérieur à celui d'un ministre.

2. Il convient d'y ajouter 22 véhicules prêtés par des constructeurs automobiles et 45 véhicules du ministère de l'Intérieur utilisés par les membres du groupement de sécurité présidentielle.

nombre de chauffeurs. Enfin la renégociation du contrat d'assurance a permis d'en réduire le coût de deux tiers (30 000 euros en 2015). De son côté, le budget « fleurissement » est désormais réduit à 100 000 euros (six fois moins que sous Jacques Chirac). Quant au coût de l'arbre de Noël (spectacle, goûter, cadeaux), son organisation en interne (au lieu d'une location de salle) a permis de diminuer la dépense par trois (114 000 euros en 2015, contre 310 000 en 2011). Côté restauration, aucune modification n'a été apportée aux dîners d'État, aussi rares[1] que fastueux, dont le protocole est plus que centenaire. Véritable acte de représentation, le dîner d'État permet au président de la République de montrer à nos hôtes étrangers que la France demeure la première au monde, quand il s'agit des arts de la table et de la gastronomie[2]. Par contre, pour les repas de travail, on évite de servir produits de luxe et grands crus. La cave à vin de l'Élysée, installée dans un local climatisé, a fait l'objet d'un renouvellement important en 2013. Cette année-là, 1 200 bouteilles ont été mises en vente. Il s'agissait de vins prestigieux qui n'étaient plus en quantité suffisante pour les grandes réceptions. La vente a rapporté, net de frais, 500 000 euros, la plupart des lots ayant été adjugés à des prix deux ou trois fois supérieurs aux estimations – un macaron attestait la provenance élyséenne de chaque bouteille. Le prix

1. Généralement 4 ou 5 par an. En 2015, ils se sont élevés à 11. En outre, on a organisé 392 réceptions officielles.

2. *L'Argent de l'État*, *op. cit.*, p. 149-154.

le plus élevé a été atteint par un Petrus 1990 adjugé 6 100 euros la bouteille ! La moitié du produit de la vente a été reversée au budget général de l'État et l'autre moitié a autofinancé le renouvellement de la cave avec le souci d'y faire place tant aux grandes propriétés qu'aux petits vignobles réputés afin de faire apprécier aux invités de la présidence la variété de nos terroirs.

C'est dans les dépenses de communication que les économies ont été les plus fortes. Du temps de Nicolas Sarkozy, les dépenses de sondages et de conseils s'élevaient à 40 000 euros par semaine (10 millions pour le quinquennat). Elles ont complètement disparu sous François Hollande.

Les **déplacements du président** constituent un troisième poste de dépenses important. Leur montant dépend de deux variables. Tout d'abord, de leur nombre, lui-même fonction de l'activité présidentielle et de la situation internationale : les voyages à l'étranger sont passés de 40 en 2013 à 56 en 2015, par exemple. Ensuite de leur coût, qui a été sensiblement réduit. Durant le quinquennat de Nicolas Sarkozy, un déplacement à l'étranger coûtait, en moyenne, 320 000 euros. En 2015, le coût moyen d'un déplacement international de François Hollande s'est élevé à 169 000 euros (contre 243 000 en 2014). La diminution est spectaculaire puisqu'elle atteint 47 % ! Elle résulte de plusieurs mesures. Chaque déplacement présidentiel est organisé quelques semaines auparavant par une mission préparatoire et par une mission de précurseurs (aux effectifs plus limités) qui précèdent de quelques jours l'arrivée du président. Désormais, ces missions font l'objet d'un budget prévisionnel, permettant de réduire les coûts de transport aérien par l'utilisation de vols avec escale, donc moins onéreux, ainsi que ceux de l'hébergement sur place et des frais de location de véhicules, remplacés par un recours plus fréquent aux taxis. Surtout, les effectifs de ces missions sont désormais plafonnés.

Concernant les déplacements propres au président, les économies sont dues à une utilisation plus optimale de la flotte gouvernementale. Celle-ci est assurée par l'escadron de transport ET 60 (anciennement dénommé ETEC 65, escadron de transport, d'entraînement et de calibrage), implanté sur la base aérienne de Villacoublay. Sa mission consiste à assurer le transport des autorités gouvernementales et à effectuer des évacuations sanitaires de militaires et de civils. La France est l'un des rares pays au monde qui offrent à ses militaires blessés l'assurance d'un rapatriement médical à partir de n'importe quel point du globe. Pour assurer sa mission gouvernementale, l'ET 60 dispose du parc suivant :

– un Airbus A330-200 réservé en priorité aux déplacements du président de la République, entré en service en novembre 2010. Il est basé à Orly ;

– deux Falcon 7X, acquis en 2009 et 2010. Avion haut de gamme de la société Dassault, le Falcon 7X est un triréacteur dont le rayon d'action est de 11 000 km.

Sa vitesse de croisière est de 900 km/h et il peut transporter 16 personnes, outre ses 3 membres d'équipage ;

– deux Falcon 900, achetés en 1987. Le Falcon 900, triréacteur également, a un rayon d'action de 7 600 km. Sa vitesse de croisière est de 880 km/h et il peut transporter 13 passagers ;

– deux Falcon 2000, acquis en 2011. Le Falcon 2000 a un rayon d'action de 5 000 km. Sa vitesse de croisière est de 900 km/h et il peut transporter 8 passagers ;

– trois hélicoptères Super-Puma, enfin, sont entrés en service en 1974.

Une autre unité de l'armée de l'air, l'escadron Esterel, dispose d'avions long-courriers (trois Airbus A310 et deux Airbus A340, basés à Roissy-Charles-de-Gaulle) qui sont, en tant que de besoin, utilisés pour transporter membres du gouvernement, parlementaires, journalistes ou des industriels qui ne peuvent embarquer faute de place sur les avions gouvernementaux. Les avions de l'Esterel servent, également, au transport de fret : pour des raisons de commodité, de sécurité et, semble-t-il, de coût, lorsque le président organise un repas officiel dans le cadre de ses déplacements, vaisselle, matériel de cuisine et produits alimentaires viennent de France. Longtemps ces prestations de l'ET 60 ont été supportées en totalité par le budget du ministère de la Défense. Depuis 2008, la présidence de la République rembourse ces prestations selon un barème forfaitaire qui ne peut pas être le coût réel, compte tenu, on l'a vu, des contraintes pesant sur l'ET 60.

Le recours à l'Airbus A 330-200 (20 000 euros l'heure) est moins fréquent, et limité aux longues distances – en 2015, il a été utilisé huit fois –, et l'usage du Falcon 7x (4 700 euros l'heure) privilégié pour les moyennes distances. Par ailleurs, l'avion de secours qui accompagnait à vide la délégation n'est plus utilisé systématiquement. Enfin, les effectifs des délégations ont été réduits.

Par ailleurs, le président de la République, du fait de ses fonctions, est habilité à utiliser la flotte gouvernementale pour ses déplacements privés. Dans ce cas, il rembourse à l'État le coût de ce déplacement, selon un barème forfaitaire : en 2015, le budget de l'Élysée comporte une recette de 3 015 euros à ce titre.

Les **bâtiments**, leur entretien et leur gestion engagent des dépenses conséquentes. Classé aux Monuments historiques, le palais de l'Élysée fait l'objet de gros travaux d'entretien. S'agissant de la mise en conformité, de la sécurité et de l'amélioration des installations, le financement est assuré par le budget de la présidence. Pour les travaux sur les bâtiments, la charge financière repose sur le budget du ministère de la Culture, comme nous l'avons vu. Malgré un entretien régulier, mais nécessairement superficiel compte tenu de l'occupation permanente des locaux, l'Élysée vieillit mal.

Un constat sur l'état sanitaire du palais réalisé en février 2008 par un inspecteur général des Monuments historiques a dressé une situation alarmante, menaçant autant la solidité de l'édifice que la sécurité de ses accès et des personnes qui y travaillent, et susceptible d'engager la responsabilité pénale de l'État en cas d'accident. Bref, la situation d'un chef-d'œuvre en péril…

Sur la suggestion de la Cour des comptes, un programme de travaux a été mis en œuvre sur trois ans.

Ce premier plan triennal de travaux (2010-2013) a coûté 20 millions d'euros. Il a été suivi d'un second programme triennal (2014-2017) d'un montant équivalent.

Par ailleurs, un projet de schéma immobilier concernant l'ensemble des résidences présidentielles est en cours d'élaboration. En effet, l'Élysée ce n'est pas seulement le bâtiment du 55, faubourg Saint-Honoré, ce sont des locaux extérieurs qu'il a été nécessaire d'acquérir (ou de louer) pour faire face au développement continuel des services. En 1972, la présidence achète aux frères Rothschild l'hôtel de Marigny, situé en face du palais, auquel le relie un passage souterrain, et qui a longtemps servi de résidence aux chefs d'État en visite en France. Le dernier hôte accueilli là fut, en 2007, le dictateur libyen Mouammar Kadhafi. Depuis, il a été transformé en bureaux pour accueillir des collaborateurs du président.

De l'autre côté du palais, la rue de l'Élysée tout entière est devenue une sorte d'annexe où ont été installés, depuis 1960, la crèche pour les enfants du personnel, la salle de sport, la restauration administrative et divers bureaux.

La présidence de la République occupe par ailleurs, depuis 1881, une vaste bâtisse style Napoléon III, située quai Branly, et appelée palais de l'Alma. Ce bâtiment de 15 000 m^2, classé aux Monuments historiques en 2002, abrite divers services, ainsi qu'une cinquantaine de logements (du studio au F10) qui accueillent les principaux collaborateurs du chef de l'État, une partie du personnel de sécurité de l'Élysée. La seconde famille de François Mitterrand – ainsi que le président lui-même – y était hébergée.

En dehors de Paris, les résidences présidentielles de Marly-le-Roi, affectées à la présidence de la République depuis 1879, du domaine de Rambouillet depuis 1886, et du domaine de Souzy-la-Briche depuis 1976 ont été abandonnées et remises au ministère de la Culture.

Le fort de Brégançon, situé sur la commune de Bormes-les-Mimosas, dans le Var, constituait la dernière résidence présidentielle et était peu utilisée, puisque seuls les présidents Pompidou et Giscard d'Estaing s'y rendaient régulièrement. François Hollande y a séjourné brièvement en août 2012. Il a éprouvé un tel sentiment d'enfermement qu'il a décidé de n'y plus retourner. Le fort de Brégançon a été remis en gestion au Centre des monuments nationaux, et il est désormais ouvert au public.

Le pavillon de La Lanterne, à Versailles, qui jouxte le parc du château, demeure ainsi la dernière résidence présidentielle[1]. Située à trente minutes de Paris en voiture, La Lanterne est une résidence à taille humaine, un

1. Voir René Dosière, *L'Argent caché de l'Élysée*, *op. cit.*

lieu agréable à vivre, propice au repos, à la réflexion, et bien sûr au travail si nécessaire.

En 2007, Nicolas Sarkozy, à peine élu, s'attribue d'autorité ce pavillon précédemment résidence des Premiers ministres et dont le budget continue d'en supporter le coût de fonctionnement. François Hollande a décidé de conserver cette résidence et il en a régularisé le transfert : en 2014, le budget de la présidence intègre le coût de fonctionnement de La Lanterne (260 000 euros) et, en 2015, les 20 agents de la CRS 1 qui assuraient la garde – financés par le ministère de l'Intérieur – sont remplacés par 5 gardes républicains pris en charge par le budget de l'Élysée. Les deux gardiens et leur famille sont les seuls agents de l'Élysée logés à La Lanterne.

Le financement de ces dépenses est assuré par une dotation globale prélevée sur le budget de l'État. Disposant d'une autonomie financière, à l'instar des assemblées parlementaires, le président de la République en fixe librement le montant. En vertu de ce principe constitutionnel et de la séparation des pouvoirs, l'Assemblée ne peut pas réduire cette dotation. Par suite des économies réalisées, son montant a été ramené, dès 2014, à 100 millions d'euros, soit 3,50 euros par ménage et par an. De plus, l'Élysée a pris l'habitude de reverser au budget de l'État, en fin d'année, les sommes non utilisées (10 millions d'euros depuis 2012).

Du fait de son versement global en début d'année, cette dotation générait des intérêts financiers à hauteur de 1 million d'euros. En 2015, cette recette disparaît, car l'Élysée a décidé d'adopter le nouveau régime des dépôts de fonds au Trésor public qui génère moins d'intérêts.

Les autres produits sont des recettes « de poche » (1,5 million environ). La plus importante correspond aux recettes du restaurant administratif dont les tarifs ont été sensiblement augmentés.

Depuis 2013, la soixantaine de personnes logées au palais de l'Alma, par nécessité absolue de service ou dans le cas d'une astreinte, paient désormais une redevance au prorata de la valeur locative du logement, dont le montant est plafonné pour ceux qui ont les revenus fiscaux de référence les plus faibles. Auparavant, précisait la Cour des comptes, « à la méconnaissance du nombre de logements et de la superficie de certains d'entre eux s'ajoutait le constat d'occupations sans titre, dont certaines depuis plus de dix ans ». En outre, les prestations accessoires (eau, électricité, gaz) restent à la charge des occupants, ainsi que les impôts locaux.

Une nouvelle recette apparaît en 2013 : le remboursement des participations aux voyages officiels des chefs d'entreprise et des journalistes qui accompagnent le président de la République. Enfin, les autres produits concernent la participation des parents aux frais de la crèche ; la vente des souvenirs achetés par les 25 000 visiteurs lors de la journée du patrimoine ; les redevances pour réalisation de films, etc.

Désormais le budget de la présidence de la République est devenu l'un des plus transparents de nos pouvoirs publics. De même qu'il a été possible d'améliorer les pratiques comptables et budgétaires, il conviendrait de faire de même dans le domaine social. Les rapports annuels de la Cour des comptes et le rapport budgétaire spécial de la commission des finances témoignent de la volonté de contrôle et de transparence désormais acquise. Le temps où l'Élysée s'abritait derrière le « secret-dépense » est terminé. La multiplicité des films et des articles de presse consacrés à la présidence ne laisse plus beaucoup d'aspects dans l'ombre. Quelques améliorations restent encore à accomplir : intégrer dans le budget de l'Élysée les rares dépenses qui restent encore à la charge des ministères et dont le montant global n'est pas connu. Respecter mieux la législation sociale. En ce domaine, on ne peut toutefois ignorer l'histoire de l'institution : recours important à du personnel militaire, pratique du secret, fierté de servir le président de la République, horaires décalés, nécessité de s'adapter aux événements, bref tout le contraire d'un fonctionnement « normal ». C'est dire que le souci de l'efficacité et du résultat l'a emporté sur l'écoute du personnel et le dialogue social. Dans certains cas – heures supplémentaires, contrats –, la législation sociale est même contournée.

Enfin, il serait souhaitable que l'ensemble du budget puisse être accessible sur le site internet de la présidence et que l'Élysée publie annuellement un rapport d'activités. À plusieurs reprises, j'ai formulé cette suggestion, accueillie favorablement, mais qui n'a pu encore trouver son application. À suivre.

2. L'Assemblée nationale

Autonomie financière

Une des conditions nécessaires au bon fonctionnement de la démocratie est que l'Assemblée nationale dispose de l'« autonomie financière ».

Dès 1789, les membres de l'Assemblée ont éprouvé la nécessité d'une indépendance financière de celle-ci par rapport à l'exécutif, c'est-à-dire le roi. Mais il faudra attendre la IIe République pour que l'organisation interne de l'Assemblée soit codifiée : séparation entre les services législatifs, dirigés par le secrétaire de la présidence, et les services administratifs, dirigés par le secrétaire général de la questure ; le budget de l'Assemblée est mis à disposition par le ministre des Finances sur demande des questeurs qui assurent l'exécution des dépenses. Ce dispositif sera repris et complété dans le règlement de l'Assemblée en 1876. Eugène Pierre, auteur d'ouvrages fondateurs du droit parlementaire et secrétaire général de la Chambre des députés de 1885 à 1925, affirme un peu plus tard : « L'indépendance des chambres exige que chacune d'elles ait son budget propre, préparé par elle seule, voté souverainement et définitivement apuré par elle seule, sans aucune immixtion ni du ministère des Finances ni de la Cour des comptes[1]. »

Sous la Ve République, cette autonomie financière est confirmée, le Conseil constitutionnel lui accordant même une valeur constitutionnelle. Cette autonomie explique et justifie que les règles de fonctionnement de l'Assemblée sont définies par des décisions internes du bureau de l'Assemblée. Celui-ci – à l'exception du président, élu pour la durée de la législature (cinq ans) – est renouvelé chaque année. Tous les groupes politiques y sont représentés au prorata de leurs effectifs. Il comprend six vice-présidents, qui assurent à tour de rôle la présidence des séances, ainsi que trois questeurs[2] – deux issus de la majorité et un de l'opposition – chargés de la gestion financière et administrative.

Ces trois personnalités – rarement connues du grand public – sont condamnées à s'entendre, car chacune de leur décision doit être prise à l'unanimité. L'ancien président de l'Assemblée, Jean-Louis Debré assistait régulièrement aux réunions des questeurs afin de s'assurer que les décisions prises étaient bien mises en œuvre par les services de la questure.

Chaque questeur dispose d'un vaste logement, comportant des pièces de réception qui accueillent,

1. Cité par Vincent Dussart, *L'Autonomie financière des pouvoirs publics constitutionnels*, CNRS Éditions, 2000, p. 61.

2. Ainsi appelés depuis 1803, époque où le vocabulaire politique fait beaucoup référence à la Rome antique. Sous la République romaine, les questeurs exerçaient une double fonction financière et judiciaire.

quotidiennement, repas, cocktails et manifestations organisés (et financés) par les députés de leur groupe. Ces appartements comportent une partie privative réservée au questeur et à sa famille. Pour ces appartements, l'Assemblée est exonérée de la taxe foncière, mais prend en charge la taxe d'habitation et la taxe d'enlèvement des ordures ménagères. En outre, chaque questeur dispose d'un bureau et d'un secrétariat particuliers, ainsi que d'une voiture avec chauffeur. Il perçoit une indemnité de sujétions spéciales d'un montant de 4 957 euros par mois.

Une ville dans la ville

Les attributions des questeurs concernent également l'entretien et la gestion du patrimoine immobilier de l'Assemblée. Depuis les années 1970, il a fallu acquérir des locaux annexes pour fournir, aux députés et aux fonctionnaires, des conditions de travail satisfaisantes. On a du mal à imaginer, aujourd'hui, la vie des députés à cette époque. Faute de bureaux, les parlementaires déposaient leurs affaires dans des armoires disséminées dans les couloirs, allaient travailler à la bibliothèque ou dans l'hémicycle même. De nombreuses cabines téléphoniques étaient disposées un peu partout. En l'absence de collaborateurs, qui n'apparaissent qu'en 1976, leurs écrits étaient généralement manuscrits, les rares pools de secrétariat assurant les correspondances officielles dactylographiées.

À l'initiative de Jacques Chaban-Delmas, l'Assemblée va se lancer en 1971 dans des travaux importants : parkings souterrains et salles de réunion sous la cour d'honneur. Dans les années 2000, de nouvelles extensions sont réalisées par aménagement d'immeubles existants : rue Aristide-Briand ; rue Saint-Dominique face au ministère de la Défense, ainsi que l'achat (1990) et l'aménagement d'un hôtel Sofitel rue Saint-Dominique. Toutes ces extensions comportent des bureaux, pour les députés, leurs collaborateurs et les fonctionnaires, des salles de réunion et des parkings souterrains.

Les salles des commissions sont restées – à l'exception de trois d'entre elles : Défense, Affaires étrangères, Économie – dans le palais Bourbon, mais ont été agrandies et modernisées. Les services administratifs sont regroupés dans les locaux du 233, boulevard Saint-Germain, afin de laisser aux députés et aux services législatifs l'occupation du palais Bourbon. Au total, l'Assemblée – hors le palais Bourbon – c'est un patrimoine de 57 510 m^2 (dont 64 % en bureaux), répartis sur sept sites, dont il faut assurer la sécurité et le libre accès aux députés. Deux accès sont ouverts en permanence, jour et nuit : celui de la résidence du président et du palais Bourbon, dont l'entrée officielle ne se situe pas face à la Seine sous la célèbre colonnade ajoutée en 1806, mais de l'autre côté, place du Palais-Bourbon, et celui de l'immeuble Jacques Chaban-Delmas, qui comporte parkings, bureaux-lits de nombreux députés, salles de réunion, restauration et hébergement. L'accès aux autres sites s'effectue, en dehors des séances, avec un badge numérisé.

Ce lieu de la représentation populaire est, comme il est légitime, ouvert au public, sous la houlette des parlementaires, soucieux d'expliquer à leurs compatriotes la réalité de la fonction parlementaire et son enracinement dans notre histoire nationale. En 2015, le palais Bourbon a reçu la visite de 86 432 personnes – dont 26 933 scolaires –, guidées par leur député ou son assistant parlementaire. S'y ajoutent 1 207 visiteurs individuels. Ces chiffres sont en forte baisse (– 33 %) par rapport à 2014, conséquence des attentats et des mesures prises pour renforcer la sécurité.

Groupes, commissions et relations internationales

Le député fraîchement élu, avant de commencer à travailler et de prendre la parole dans l'hémicycle, doit s'inscrire dans la structure et le fonctionnement de l'institution.

Il devra, en premier lieu rejoindre un **groupe politique**, constitué d'au moins 15 élus réunis sur la base d'une déclaration politique. Les groupes, qui disposent de moyens financiers et de personnel, facilitent et encadrent le travail législatif. Ils attribuent aux députés leurs places dans l'hémicycle, les intègrent dans les commissions, répartissent le temps de parole dans les débats (en particulier pour les séances de questions au gouvernement), procèdent aux démarches administratives : dépôts des amendements, recueil des délégations de vote, présences en séance et en commission. Une réunion hebdomadaire détermine la position du groupe sur les textes en discussion et choisit les questions qui seront posées lors des séances télévisées. Chaque groupe organise, en son sein, des sous-groupes de travail pour préparer les textes examinés en commission et en séance.

Si le député décide de ne pas rejoindre un groupe et de demeurer de ce fait « non inscrit » (NI) – ils sont 26 dans ce cas en cette fin de législature, contre une dizaine au départ –, il est de ce fait pénalisé dans son activité législative[1].

Le président d'un groupe politique, élu par ses membres, a un rôle considérable : à l'intérieur du groupe, pour en maintenir la cohésion et contrôler les initiatives, au sein de l'Assemblée, car il est associé à l'ordre du jour, aux décisions importantes sur le fonctionnement de l'institution et dispose d'un droit de parole spécifique dans les débats. Il bénéficie d'un véhicule de fonction avec chauffeur.

L'Assemblée met des locaux situés dans le palais Bourbon à disposition des groupes politiques ; fin 2016,

1. Un député qui ne partage pas totalement les orientations d'un groupe politique peut toutefois « s'apparenter », ce qui lui permet de bénéficier des moyens du groupe. 19 députés se trouvent dans cette situation fin 2016. Il est même arrivé que des députés d'options différentes s'associent dans un groupe plus technique que politique pour obtenir les moyens afférents.

131 bureaux sont ainsi répartis : 62 au groupe socialiste, 42 au groupe LR, 9 pour l'UDI et 6 pour chacun des autres groupes. Par ailleurs, elle accorde aux groupes un financement proportionnel à leur effectif. Pour mettre un terme à certaines dérives récentes, en l'occurrence le prêt accordé par le groupe UMP au parti politique du même nom dans l'ignorance des membres du groupe, le bureau a demandé que chaque groupe dispose du statut associatif à partir du 1er janvier 2015 et d'un budget, certifié par un commissaire aux comptes, rendu public sur le site internet de l'Assemblée. La consultation de ces budgets fait apparaître que l'essentiel des ressources des groupes provient de la subvention de l'Assemblée : 10,1 millions, auxquels s'ajoutent 0,4 million de crédits spécifiques. Les cotisations des membres – quand elles existent – n'apparaissent pas toujours avec clarté. Elles représentent pourtant 14 à 18 % des recettes. Côté dépenses, l'essentiel consiste en salaires et charges sociales. Seul le groupe socialiste indique le nombre de ses salariés : 44, soit une rémunération brute moyenne de 64 221 euros par an.

La deuxième décision du député élu consiste à choisir la **commission permanente** à laquelle il souhaite appartenir. Il en existe huit : Finances, Lois, Affaires étrangères, Défense, Culture, Économie, Social, Développement durable. Chaque commission est composée à la proportionnelle des groupes politiques et élit son président. S'y ajoute une « vraie-fausse » commission, en l'occurrence celle des Affaires européennes, qui comprend des élus issus de chaque commission permanente et dont le rôle est de suivre les travaux conduits par les institutions européennes. À l'exception de la commission des finances, dont la présidence est réservée à un membre de l'opposition, toutes les autres commissions sont présidées par la majorité[1]. Les présidents de commission perçoivent une indemnité spéciale de sujétions, à hauteur de 871 euros mensuels, et disposent d'un véhicule de fonction avec chauffeur. Ils sont associés à l'organisation des travaux de l'Assemblée.

La révision constitutionnelle de 2008 a renforcé le rôle des commissions. Avant d'être débattu en séance publique, chaque texte de loi fait l'objet d'un examen dans la commission compétente. À cette occasion, le texte initial est modifié (« amendé » en langage parlementaire). Désormais, lors de la séance publique, l'Assemblée débat du texte adopté par la commission et non plus du texte initial du gouvernement[2]. Cette modification a plusieurs conséquences : les ministres sont davantage présents en commission pour défendre leur texte, car il est beaucoup plus difficile de revenir, en séance publique, sur un texte adopté en commission.

1. Dans les démocraties occidentales (Grande-Bretagne, Allemagne, pays nordiques), les présidences de commission sont partagées entre majorité et opposition.

2. À l'exception des textes constitutionnels, des lois de finances et des lois de sécurité sociale.

La présence des députés est devenue obligatoire, avec une sanction financière (modeste) en cas d'absence non motivée à plus de deux séances mensuelles de la commission[1]. Chaque commission nomme un rapporteur pour chaque texte examiné. Il est toujours désigné parmi la majorité. Avec l'aide des administrateurs de l'Assemblée, il étudie le projet gouvernemental, rencontre les personnes concernées, travaille avec le groupe majoritaire et le cabinet du ministre concerné afin de proposer les amendements jugés nécessaires. Il publie un rapport et donne un avis qui fait autorité sur tous les amendements déposés. Son temps de parole n'est pas limité.

Depuis juin 2012 jusqu'au 31 décembre 2016, l'Assemblée nationale a siégé 644 jours pour une durée totale de 5 170 heures. Durant cette période, 241 lois ont été adoptées et publiées, dont 141 projets d'origine gouvernementale et 100 propositions parlementaires (dont 56 viennent de l'Assemblée nationale)[2].

Troisième décision du député : choisir l'**activité internationale** dans laquelle il souhaite s'investir. En effet, l'Assemblée participe à de nombreux organismes internationaux et bilatéraux (Conseil de l'Europe, Assemblée parlementaire de la Francopho-

1. Au cours de la session 2014-2015, 55 députés ont subi une retenue financière.

2. Ce chiffre n'inclut pas 180 conventions internationales que l'Assemblée ratifie sans véritable débat, faute de pouvoir les modifier.

nie, Assemblée parlementaire de l'organisation du traité de l'Atlantique-Nord, organismes bilatéraux comme France-Québec ou France-Russie). Elle envoie aussi des observateurs pour contrôler la régularité des élections à l'étranger et assure des missions de coopération et de formation avec les parlements étrangers – en particulier africains – auprès desquels le prestige de l'Assemblée nationale reste important. Les voyages des groupes d'amitié restent en nombre limité : 11 déplacements en 2015, pour un coût moyen de 14 400 euros par mission et 9 réceptions de parlementaires étrangers pour un coût moyen de 11 700 euros. Dans ce type de déplacements, les frais de voyage sont supportés par le pays qui envoie sa délégation (au maximum 5 députés) et les frais d'hébergement par le pays qui accueille[1].

Des économies sur le budget

Le budget de l'Assemblée nationale comporte deux parties d'inégale ampleur. La section de fonctionnement, la plus significative, regroupe l'ensemble des dépenses régulières, à savoir les indemnités des 577 parlementaires, le traitement de leurs 2 197 collaborateurs, les pensions des 1 121 anciens députés et des 714 ayants droit, les dépenses courantes de fonc-

1. L'existence de groupes d'amitié parlementaire avec certains pays éloignés et exotiques suscite en revanche un profond scepticisme sur la réalité des échanges, ceux-ci ressemblant à des séjours touristiques.

tionnement, le traitement des 1 277 fonctionnaires et la retraite des 1 173 anciens fonctionnaires, sommes auxquelles il faut ajouter les dépenses de santé des 2 425 affiliés au fonds de sécurité sociale des députés et celles des 3 854 affiliés au fonds de sécurité sociale du personnel[1]. Selon la Cour des comptes, qui certifie les comptes de l'Assemblée, ce budget global, une fois éliminés les mouvements internes, s'élève à 567,3 millions d'euros en 2015.

Le financement est assuré, pour l'essentiel, par une dotation en provenance du budget de l'État, à hauteur de 517,9 millions ; par les cotisations sociales des parlementaires et fonctionnaires (30,8 millions) et, pour le solde, par des recettes d'exploitation et un prélèvement sur les réserves. Difficile de se prononcer sur ce volume. On manque, en effet, de références étrangères éventuellement comparables. En revanche, ce montant est équivalent au budget de fonctionnement de la ville de Nice, cinquième ville de France. La charge financière par habitant s'élève donc à 8 euros par an.

Il convient de souligner les efforts d'économie importants réalisés depuis quelques années, puisque ce budget a diminué de 6,8 % depuis 2008. Le financement par l'État, autrement dit le coût supporté par les contribuables, a diminué de près de 10 % (cf. graphique 15)

1. Tous ces chiffres sont à la date du 31 décembre 2015.

GRAPHIQUE 15

Évolution du budget de l'Assemblée nationale
(en millions d'euros valeur 2015)

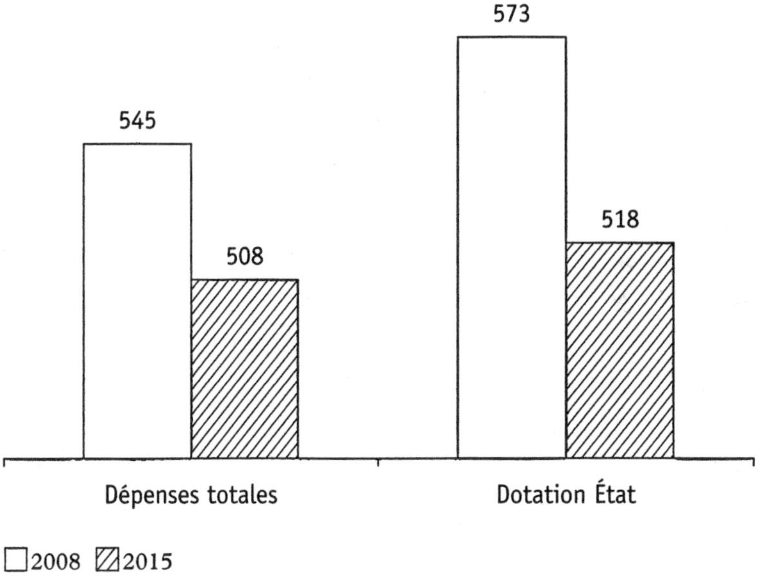

SOURCE. Assemblée nationale.

Cet effort est d'autant plus remarquable que le budget d'exploitation se compose à 91 % de dépenses difficilement compressibles, puisqu'il s'agit des indemnités parlementaires et des traitements des personnels (cf. graphique 16).

GRAPHIQUE 16

La structure du budget de l'Assemblée nationale (en %)

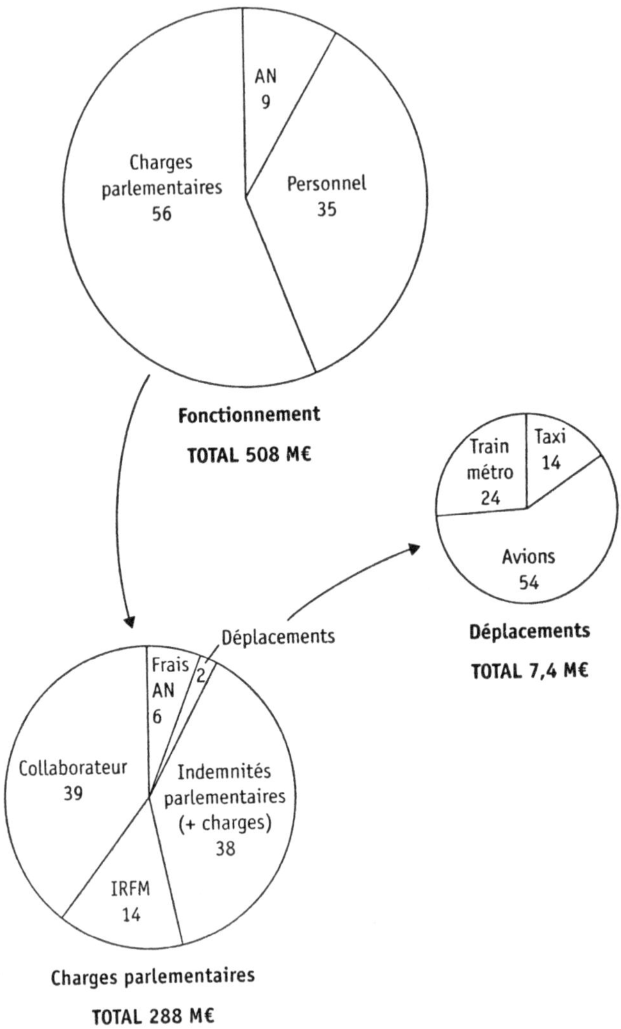

SOURCE. Assemblée nationale.

C'est effectivement sur les dépenses courantes (fournitures, fluides) que les économies ont été réalisées. Cependant, le montant des charges parlementaires a diminué de 6 %, les économies se réalisant sur de nombreux postes (IRFM, téléphone, déplacements...). Quant aux frais de personnel, leur stabilité s'explique par une diminution régulière des effectifs : 1 410 en 1993, 1 331 en 2008, 1 275 en 2015. Or, durant cette période, on l'a vu, de nouveaux locaux sont apparus et l'activité de l'Assemblée s'est accrue. Les efforts sont donc réels.

Le système de rémunération des fonctionnaires parlementaires est étroitement lié au rythme atypique des travaux de l'Assemblée, lequel impose une grande disponibilité. Ainsi, tous les services restent ouverts jusqu'à la fin des séances de nuit, en principe à 1 heure du matin, mais parfois à 2 ou 3 heures. Le recours à un système particulier de paiement des heures supplémentaires double la rémunération réelle du personnel, qui est de ce fait sensiblement supérieure à celle des fonctionnaires d'État. Ainsi, un agent qui entre à l'Assemblée perçoit une rémunération nette mensuelle de 3 440 euros (en fin de carrière il touchera 6 500 euros). Quant aux administrateurs, qui participent au processus législatif, ils débutent à 5 000 euros pour terminer à 14 000 euros. S'agissant de ces derniers, une contrainte supplémentaire existe : ils ne peuvent faire carrière que dans les services de l'Assemblée, sans

désintérêt, puisque chacun peut suivre le déroulement de la séance depuis son bureau et gagner l'hémicycle au moment adéquat.

La restauration comporte plusieurs formules : le restaurant parlementaire où le député reçoit ses invités et qui offre, au 8e étage de l'immeuble Chaban-Delmas, une vue imprenable sur la tour Eiffel. Il est complété, au 7e, d'un restaurant au décor plus modeste et au menu plus simple. Deux cafétérias sont ouvertes au personnel, aux collaborateurs, aux forces de sécurité. Enfin deux buvettes, l'une pour les journalistes, l'autre strictement réservée aux parlementaires, offrent des buffets. La présence d'une buvette à l'intérieur du palais remonte à 1797, année où le limonadier Jacob obtenait l'accord des questeurs de l'époque. La buvette demeure un lieu d'apaisement et de convivialité, nécessaire après les joutes verbales de l'hémicycle. Depuis la fin de la IIIe République, elle n'est plus gratuite. C'est l'association de gestion des restaurants de l'Assemblée nationale (AGRAN) qui gère l'ensemble des sites avec 88 personnes, dont 62 fonctionnaires et un budget de 4,4 millions d'euros. L'Assemblée a longtemps disposé d'un bureau de tabac célèbre pour ses cigares bagués « Assemblée nationale ». Mais la volonté d'appliquer la législation antitabac l'a emporté sur le lobby pro-tabac en 2006. Subsiste seulement un espace de vente des principaux journaux, annexe de la Boutique de souvenirs installée à proximité du palais. Son chiffre d'affaires, en progression régulière, s'élève à 68 500 euros. L'ouverture du salon de coiffure remonte à 1900. Accueillant une moyenne de 297 client(e)s par mois, il réalise un chiffre d'affaires de 159 000 euros. Il n'a été ouvert aux femmes qu'à la fin des années 1970. Si le prix d'une coupe (hommes) est inférieur aux tarifs du quartier, avec 28 euros, il est toutefois supérieur à ceux d'une circonscription de province. Un bureau de poste, avec 21 postiers, remplit, outre les services traditionnels, des tâches spécifiques. Dès 6 heures du matin, il assure le tri du courrier des députés, aussitôt distribué, et la réexpédition vers les circonscriptions. Le bureau est ouvert en continu de 7 h 30 à 19 heures et jusqu'à la fin des séances de nuit. Du côté des activités bancaires, il propose des facilités spécifiques, comme le retrait en liquide de sommes importantes et la fourniture, quasi immédiate, de devises étrangères. Il dispose également d'un distributeur automatique de billets (3 000 retraits par mois). Son activité correspond à celle d'une ville de 80 000 habitants. Les personnels du bureau de poste bénéficient du régime indemnitaire spécifique à l'Assemblée, ce qui les place parmi les postiers les mieux payés de France.

L'hébergement des députés a été organisé dans les années 1990, quand l'Assemblée a acheté le Sofitel qui jouxtait les locaux du 101, rue de l'Université. La gestion en a été confiée à la chaîne hôtelière Accor. Rénovée récemment, dans un style nordique moderne et sobre, la Résidence de l'Assemblée offre

51 chambres, accessibles en priorité aux députés ne disposant pas de bureaux-lits ni d'un logement parisien. Compte tenu du rythme de présence des députés, la capacité d'accueil est insuffisante pour les nuits du mardi et mercredi. Dans ce cas, les députés sont orientés vers les hôtels du groupe Accor et le montant des nuitées (au nombre de 1 794 par an) fait l'objet d'un remboursement ultérieur par l'Assemblée, afin que le coût d'une nuitée ne dépasse pas 30 euros, tarif pratiqué à la Résidence. Enfin l'Assemblée dispose d'un cabinet médical. Il existe également une salle de sport où se pratiquent, sous le contrôle de professeurs diplômés, gymnastique, arts martiaux, escrime et même golf, dans une minuscule pièce du sous-sol baptisée practice. Les parlementaires et fonctionnaires amoureux du rugby forment une équipe qui affronte régulièrement leurs homologues des Parlements étrangers.

La sécurité à l'intérieur de l'Assemblée est du ressort du président. Sous l'autorité d'un colonel, un contingent de gardes républicains est susceptible d'intervenir à tout moment[1]. L'armée ne peut pénétrer à l'intérieur

1. Ce fut longtemps un général. À son départ en retraite, Jean-Louis Debré a demandé que son successeur soit seulement colonel. Ce sont les gardes républicains qui constituent le piquet d'honneur lors de l'arrivée en séance du président de l'Assemblée. Ce dispositif – limité à la seule séance de l'après-midi – est un symbole républicain, illustration de la phrase de Cicéron suivant laquelle *cedant armatogae* (que les armes – le gouvernement militaire – le cèdent à la toge – l'habit du gouvernement civil).

du palais sans être appelée par le président. La seule – et unique fois – où elle a pénétré de force le palais Bourbon, c'est lors du coup d'État du 2 décembre 1851. Une plaque rappelle la mémoire du commandant du palais qui y a laissé sa vie. Dans le cadre de l'état d'urgence, la présence des militaires a été renforcée aux entrées.

Une maison de verre

Des progrès considérables ont été faits, depuis plusieurs années, pour rendre aussi transparent que possible le fonctionnement de l'institution. Ainsi, grâce à la conception, en interne, d'un nouveau système de compte rendu optimisé numérique, dit SYCERON, l'Assemblée a pris une avance de plus de vingt ans dans la production et la publication des comptes rendus, désormais assurés « au fil de l'eau » sur son site internet. Il est désormais possible de suivre, en direct, et en vidéo, le déroulement de la séance publique.

Le budget est désormais publié dans son intégralité sur le site internet, comme je l'avais réclamé à de nombreuses reprises. Il en va de même, depuis cette année, du budget des groupes politiques, même si cette dernière publication mériterait plus de précisions.

Les crédits attribués au titre de la réserve parlementaire[1] sont depuis trois ans rendus publics, la loi

1. Voir p. 221.

ayant rendu cette publication obligatoire un an après que l'Assemblée l'avait fait.

Dans le domaine du financement politique, le rattachement des députés aux partis est désormais public. Or, ce rattachement permet au parti politique concerné de percevoir une somme de 37 443 euros par député au titre de la seconde fraction du financement de la vie politique[1].

Afin de renforcer la confiance des citoyens envers leurs représentants, l'Assemblée a mis en place en 2011 un code de déontologie à l'usage des députés et créé un poste de déontologue, personnalité indépendante – à ce jour, deux professeurs de droit et une avocate –, nommée par le bureau à la majorité des trois cinquièmes, avec l'accord d'au moins un président d'un groupe d'opposition. Son mandat, de la durée de la législature, n'est pas renouvelable. Il remet au bureau un rapport annuel, à la fois bilan et propositions. À la suite du vote de la loi sur les conflits d'intérêts, le déontologue est associé aux propositions du bureau pour déterminer les modalités pratiques permettant aux députés d'éviter de tels conflits dans leur fonction législative. Il alerte les députés sur les risques de conflits dus aux déplacements à l'étranger financés par des tiers, qu'il s'agisse d'entreprises, d'associations privées ou d'autorités gouvernementales ou parlementaires étrangères. Il recueille les déclarations des parlementaires qui ont reçu des cadeaux supérieurs

1. Voir p. 138.

à 150 euros : en 2016, 19 déclarations concernaient des événements sportifs ou culturels. Dans ce domaine, précise le déontologue dans son dernier rapport, les invitations sont fréquentes et les déclarations trop rares. En revanche, les députés sollicitent plus fréquemment un conseil (61 cas) quand il s'agit de cumul d'activités. Concernant les demandes (4 cas) sur la possibilité d'assurer des conférences rémunérées, le déontologue souligne que l'expertise parlementaire acquise durant le mandat ne doit pas être monnayée. À l'intention des futurs députés de la XVe législature, le déontologue a élaboré un guide de déontologie.

3. Matignon et ses ministères

Matignon désigne, par métonymie, le Premier ministre et ses services. Situé rue de Varenne, sur la rive gauche de la Seine (l'Élysée est sur la rive droite), l'hôtel de Matignon, classé aux Monuments historiques, dispose d'un magnifique parc de 3 hectares (plus grand que celui de l'Élysée) dans lequel, depuis 1978, chaque chef de gouvernement plante un arbre à son arrivée – cornouiller des pagodes pour François Fillon, magnolia (semblable à celui du Jardin des plantes de Nantes) pour Jean-Marc Ayrault, chêne fastigié (« qui prend de la hauteur ») pour Manuel Valls… Au fond du parc, donnant sur la rue de Babylone, un pavillon dit de musique constitue un lieu de travail aussi discret que confortable.

États-majors administratifs de Matignon

Comme la plupart des résidences officielles, Matignon dispose de locaux annexes qui hébergent collaborateurs et services, beaucoup plus étoffés qu'à la présidence de la République. Le deuxième personnage de l'État se trouve à l'articulation de tous les pouvoirs : entre le président et le gouvernement, entre l'exécutif et le législatif, entre le politique et l'administratif. Comme l'exprimait le regretté Guy Carcassonne, professeur de droit public, « aucune situation ne peut diminuer la place du Premier ministre, sans lequel, formellement, rien ne peut se décider ou se faire. Preuve définitive, même Nicolas Sarkozy n'a pu condamner François Fillon au chômage technique[1] ».

Si le cabinet du Premier ministre s'apparente à celui du président de la République, on trouve, rue de Varenne, plusieurs services administratifs qui constituent le cœur de l'administration française. Ainsi le secrétariat général du gouvernement (SGG) traite des aspects matériels du gouvernement (affectation des locaux et attributions des ministres), prépare les textes gouvernementaux soumis au Conseil des ministres, et s'assure ensuite de leur mise en œuvre, ainsi que de leur publication au *Journal officiel*. Travaillant autant avec le Premier ministre qu'avec le président de la République

1. Guy Carcassonne, *La Constitution* (introduite et commentée par), avec Marc Guillaume, 13e éd, Seuil, « Points Essais, n° 319 ».

(il est, avec le secrétaire général de la présidence, le seul fonctionnaire autorisé à assister au conseil des ministres), le secrétaire général du gouvernement est d'une grande stabilité par-delà les alternances politiques et changements de gouvernement : depuis la Libération il n'y a eu que dix titulaires du poste.

Le deuxième « état-major administratif[1] » basé à Matignon est le secrétariat général de la Défense et de la Sécurité nationale qui travaille également en prise directe avec l'Élysée. Il est notamment chargé de la protection des intérêts nationaux contre les attaques informatiques et de la sécurisation des transmissions gouvernementales. La lutte contre le terrorisme est désormais sa grande priorité. C'est par lui que transitent les fonds secrets destinés à nos services spéciaux (68 millions d'euros en 2017).

Troisième instance importante, le secrétariat général aux Affaires européennes est chargé de coordonner l'action européenne des ministres. Son titulaire est toujours un très proche collaborateur du Premier ministre ou (et) du président de la République.

À côté de ces trois « états-majors », Matignon regroupe de nombreux services qui remplissent des fonctions interministérielles. Ainsi le service d'information du gouvernement (SIG) est chargé de la politique de communication du gouvernement et de l'étude de

1. L'expression est de Jean Massot, dans *Chef de l'État et Chef de gouvernement*, La Documentation française, 2008, p. 170.

à 2 892 personnes, soit 551 conseillers et 2 341 personnes support. Six ans plus tôt, en 2010, on recensait 3 392 personnes, dont 616 conseillers. La diminution est nette. Mais cette comparaison dans le temps occulte un élément important qui est le nombre de ministres. Il est donc plus significatif de comparer l'évolution des effectifs d'un cabinet ministériel type.

TABLEAU 11

Composition d'un cabinet ministériel type

	2010	*2011*	*2012*	*2013*	*2014*	*2015*	*2016*
Conseillers	14	14	12	14	13	13	13
Personnel support	61	62	50	54	59	56	51
Total	**75**	**76**	**62**	**68**	**72**	**69**	**64**
Nombre de ministres	39	33	38	37	31	33	38

À son arrivée au pouvoir, tout Premier ministre affiche sa volonté de réduire le train de vie de l'État en limitant les effectifs des cabinets ministériels, à défaut de pouvoir limiter le nombre des ministres. Mais, avec le temps, on est bien obligé de constater que la taille des cabinets augmente. C'est là une faiblesse des gouvernements français : trop importants, les cabinets constituent un écran entre le ministre et son administration. D'autant plus que la moitié de ces effectifs sont des fonctionnaires issus de l'administration de ce même ministère, où ils retourneront, mais avec une promotion ! Les contractuels issus du secteur privé représentent, selon les gouvernements, entre 40 et 45 % des effectifs.

Dans les fonctions support, les tâches de secrétariat occupent plus de la moitié des effectifs (cf. graphique 17) ; la sécurité des bâtiments a été renforcée (+ 3 points depuis 2010), les chauffeurs sont stables, chaque ministre disposant de deux véhicules.

GRAPHIQUE 17

La répartition des effectifs dans les fonctions support d'un cabinet ministériel

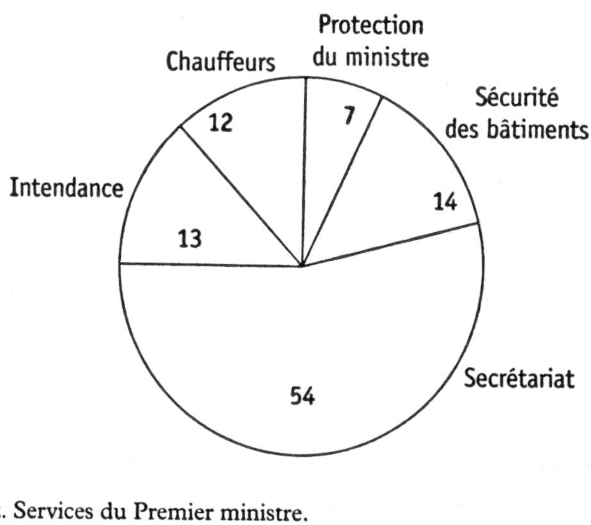

SOURCE. Services du Premier ministre.

Les effectifs consacrés à l'intendance (cuisiniers et maîtres d'hôtel) sont en légère progression. Les traditions culinaires se maintiennent dans les ministères qui reçoivent fréquemment les parlementaires pour évoquer les textes en cours de discussion. Toutefois, les crédits affectés à la restauration ont été sensiblement réduits. Concernant la sécurité des ministres, les effectifs sont stables. Chaque ministre bénéficie de deux officiers de sécurité qui travaillent alternativement afin que le ministre soit toujours sous protection. Les ministres régaliens (au cœur du rôle de l'État) ont une protection renforcée : 27 agents pour le ministre de l'Intérieur, 16 pour le ministre des Affaires étrangères, 14 pour le ministre de la Défense et 11 pour le ministre de la Justice.

Notons au passage que la place des femmes stagne à un tiers des effectifs, proportion qui diminue à 28 % au sein des directeurs et directeurs adjoints de cabinet. La parité acquise au sein des gouvernements de François Hollande a encore des progrès à faire au sein des cabinets ministériels !

Des rémunérations très élevées

Les rémunérations des membres des cabinets ministériels sont élevées, comme le montrent les tableaux 12 et 13.

TABLEAU 12

Rémunération moyenne mensuelle brute dans les cabinets
(en euros)

2010	*2011*	*2012*	*2013*	*2014*	*2015*	*2016*
7 213	8 198	7 556	7 655	8 011	7 794	7 624

TABLEAU 13

Moyenne des trois rémunérations mensuelles nettes les plus élevées au sein du gouvernement
(en euros)

2010	*2012*	*2014*
11 235	10 806	11 346

Ce chiffre moyen, tous ministères confondus, occulte des écarts considérables : 1,72 entre le ministère qui paie le mieux et celui qui paie le moins, écart qui se réduit à 1,54 en 2014. La publication de ces données par ministère suscite toujours de multiples réflexions parmi les membres de cabinet qui ne manquent pas de regarder où ils se situent. La modération des rémunérations au ministère des Affaires étrangères, toujours inférieure à la moyenne gouvernementale, contrairement aux autres ministères régaliens (Intérieur, Défense, Justice, Finances), est pour le moins surprenante.

Par ailleurs, ces rémunérations comprennent les indemnités de sujétions particulières – autrement dit les primes de cabinet – qui, depuis la réforme Jospin de 2002, se sont substituées aux versements occultes en liquide. Le montant de ces indemnités est fixé par le ministre, dans le cadre d'une enveloppe globale attribuée à chaque ministère. Il est fonction de l'importance des contraintes imposées et de la perte des primes qui ne sont plus versées dès lors qu'on quitte son administration d'origine pour aller dans un cabinet. Ces indemnités sont, bien évidemment, soumises à l'impôt. Elles sont également attribuées au personnel support en compensation de leur disponibilité et des horaires imposés. Au total près de 3 000 personnes en bénéficient, pour un montant global de 22,4 millions d'euros, qui a fortement diminué par rapport à 2011 (28,5 millions).

Quoi qu'il en soit, force est de constater que les rémunérations des membres de cabinet sont (trop) élevées. Si l'arrivée du gouvernement Ayrault a été l'occasion d'une baisse sensible, les augmentations ont repris ensuite pour atteindre un maximum en 2014. Depuis cette date, la tendance à la baisse est sensible, sans pour autant revenir au niveau de 2012.

Si l'on se souvient de la rigueur salariale qui a été mise en œuvre dans la fonction publique, puisque les rémunérations de base étaient bloquées à leur niveau de juillet 2010, il apparaît que, dans les cabinets ministériels, durant cette période (2010-2016), la rémunération moyenne a progressé de + 5,7 %. En matière d'exemplarité, on peut faire mieux...

Pour éviter les nombreuses inégalités qui apparaissent, il conviendrait de créer de véritables emplois budgétaires de cabinets, auxquels les fonctionnaires accéderaient par disponibilité et les gens du privé par contrat. Selon les fonctions exercées, un plancher et un plafond de rémunération seraient fixés. Chaque cabinet disposerait d'une somme globale pour faire face à ces rémunérations, dont le montant serait rendu public.

Aujourd'hui, le coût global des personnels exerçant en cabinet ministériel n'est pas connu. Pour ma part, je l'estime à 3,2 millions par ministère, soit, compte tenu du nombre de ministres, en 2016, à une somme globale de 122 millions d'euros.

Le cabinet du Premier ministre

Sans surprise, le cabinet du Premier ministre est de très loin le plus important du gouvernement et celui où l'on est – de très loin aussi – le mieux payé. Il comporte une soixantaine de membres, auxquels il faut ajouter un personnel support de près de 400 personnes. Soit un effectif global à peu près stable de 464 personnes en 2016, contre 469 en 2010. Les rémunérations y sont plus élevées encore que dans les ministères, puisqu'elles atteignent 10 246 euros bruts mensuels en 2016, soit un tiers en plus, ce qui est considérable. De plus, une tendance régulière à la hausse se manifeste, comme l'indique le tableau 14. Il est vrai que le rythme de travail à Matignon est plus important que dans beaucoup de ministères. Cela justifie-t-il le niveau élevé de rémunération ? La question mérite d'être posée.

TABLEAU 14

Rémunération moyenne mensuelle brute au cabinet du Premier ministre
(en euros)

2009	*2010*	*2011*	*2012*	*2013*	*2014*	*2015*	*2016*
9 253	9 415	9 272	9 721	10 552	10 712	10 833	10 246
	+ 1,8 %	– 1,5 %	+ 4,8 %	+ 8,5 %	+ 1,5 %	+ 1,1 %	– 5,4 %

Si l'on s'en tient aux trois rémunérations nettes les plus élevées (y compris les primes, voir tableau 15), la rémunération est encore plus importante. Il est vrai que les personnes concernées sont issues des grands corps de l'État et font preuve, durant leur passage à Matignon, d'une disponibilité totale, compte tenu des compétences étendues du Premier ministre – et une comparaison avec le privé ferait paraître ces rémunérations très raisonnables. Mais, quand il s'agit du service de l'État, une telle comparaison, pourtant fréquente, n'a pas lieu d'être.

TABLEAU 15

Moyenne des trois rémunérations mensuelles nettes les plus élevées au cabinet du Premier ministre
(en euros)

2010 (Fillon)	*2012 (Ayrault)*	*2014 (Valls)*
14 087	14 979	14 606

Un logement peu fonctionnel

Le Premier ministre dispose d'un logement de fonction d'une superficie de 309 m^2, dont 214 m^2 à usage strictement privé (4 pièces), le reste correspondant à des salons de réception. Ce logement, qui résulte d'agrandissements successifs – antérieurs à 2007 –, n'est absolument pas fonctionnel. On comprend que les intéressés ne l'occupent pas systématiquement, tout en payant la taxe d'habitation. Un réaménagement s'impose, qu'il faudra chiffrer.

Du fait de ses fonctions, le Premier ministre reçoit fréquemment : chefs de gouvernement, personnalités des arts, des lettres, de l'économie, ministres, parlementaires, etc. À cet effet, il dispose d'un crédit d'intendance de 2,3 millions d'euros pour couvrir les besoins en produits alimentaires, personnel intérimaire de restauration, produits d'entretien, etc. Ce crédit a subi les rigueurs budgétaires au point que, lors de la traditionnelle réception des parlementaires, en fin de session, on ne sert plus de champagne à Matignon ! Par ailleurs, le Premier ministre dispose de 0,5 million pour ses frais de représentation. Nouveauté également, le règlement des déplacements aériens du Premier ministre (3,8 millions d'euros par an) se fait sur le budget de Matignon. Pendant longtemps, le coût des déplacements du Premier ministre était supporté soit par le budget de la Défense, soit par le budget du ministère des Affaires étrangères. Depuis 2010, ce temps est révolu. Le remboursement concerne également les frais accessoires (repas ou autres prestations, dites de *catering*, assurés par la société Air France), même s'il intervient après un certain délai. Enfin, le Premier ministre est le seul membre gouvernemental à utiliser l'Airbus présidentiel pour des déplacements lointains, où il est souvent accompagné d'une délégation importante.

Par ailleurs, le Premier ministre, tout comme le président de la République, est habilité à utiliser la flotte gouvernementale pour ses déplacements privés. En effet, compte tenu de ses responsabilités, le Premier ministre est toujours accompagné dans ses déplacements par des personnels techniques, administratifs et de sécurité. Un déplacement sur les lignes régulières serait pour le moins problématique et coûteux. Lorsqu'il s'agit d'un déplacement privé, le Premier ministre en assume le coût selon un tarif forfaitaire symbolique, mais exemplaire. Ainsi, quand il était Premier ministre, François Fillon a remboursé une somme de 6 955 euros correspondant à treize heures de déplacements privés effectués en Falcon gouvernemental. Enfin, pour assurer, dans toutes les éventualités, la continuité de l'État, le président et le Premier ministre ne voyagent pas ensemble.

4. La réserve parlementaire

« Vous reste-t-il un peu de réserve ? » La question, fréquemment posée aux parlementaires par les élus locaux, n'a rien d'une brève de comptoir. La « réserve parlementaire », appellation contrôlée, concerne les 10 000 subventions accordées chaque année aux collectivités et associations par les parlementaires. Pourquoi évoquer cette question dans le chapitre consacré au gouvernement et non dans celui concernant l'Assemblée ? Tout simplement parce qu'il s'agit de crédits d'État, en provenance des divers budgets ministériels concernés, et absolument pas de fonds plus ou moins occultes dissimulés dans le budget de l'Assemblée. En réalité, il s'agit d'un droit de tirage sur le budget de l'État, accordé aux parlementaires. Ce fut longtemps l'un des secrets les mieux gardés de la République, au point que nombre de députés ignoraient son existence !

Privilège et fait du prince

La date de naissance de ce système n'est pas déterminée exactement et semble remonter aux années 1970. Privilège de la commission des finances, ces crédits étaient alors réservés à ses membres et, exceptionnellement, à d'autres parlementaires plus ou moins influents. Mais pas question d'en divulguer le montant, de peur de faire des jaloux. Selon que l'on appartenait à la majorité ou à l'opposition, les sommes attribuées par le président de la commission des finances et le rapporteur général du budget étaient d'importance inégale. Lors de la présidence de Nicolas Sarkozy, on a même assisté à une dérive, inédite du point de vue constitutionnel, le président de la République ayant exigé, par lettre adressée à la ministre de l'Intérieur, Mme Alliot-Marie, que les deux tiers des crédits concernés de son ministère soient désormais attribués par son propre cabinet. Ainsi, les parlementaires – de la majorité uniquement – recevaient-ils un courrier du président de la République leur annonçant l'attribution d'une subvention destinée à telle commune de leur circonscription. Démarche d'autant plus étonnante que le président de la République n'a pas le pouvoir de « piocher » dans les crédits ministériels, puisque seul le ministre est responsable devant le Parlement. À son arrivée, François Hollande est revenu à des pratiques plus traditionnelles. Le ministre de l'Intérieur et l'Assemblée nationale ont décidé de faire la transparence sur ces crédits particuliers. Et d'abord sur leurs montants. On a alors appris que la réserve parlementaire s'élevait à 90 millions d'euros à l'Assemblée et à 60 millions au Sénat[1]. Simultanément, il est apparu que le ministère

1. Afin de contribuer à la réduction des déficits publics, 10 % de ces sommes n'ont pas été affectées et sont donc reversées au budget de l'État.

de l'Intérieur, dont le budget regroupe l'ensemble des subventions d'intérêt local, disposait d'une « réserve ministérielle » d'un montant de 30 millions.

2012. Une réserve transparente

Le groupe socialiste, majoritaire, a décidé de maintenir le système de la « réserve parlementaire » (malgré l'avis contraire d'environ un tiers des députés), de la répartir entre les groupes politiques au prorata du nombre de députés, sans distinction d'appartenance politique, et de rendre publique l'utilisation des sommes en question. Ainsi, depuis 2012, chaque député dispose d'un droit de tirage de 130 000 euros, somme doublée pour les personnalités (présidents de groupes et de commissions, vice-présidents de l'AN, questeurs) et quadruplée pour le président de l'Assemblée. Le fait de rendre publiques les attributions effectuées par chaque député a permis aux médias et à des associations citoyennes d'effectuer analyses, synthèses et commentaires. Ainsi, en 2016, les députés ont distribué 81,6 millions d'euros, y compris 2,6 millions de « réserve institutionnelle », attribuée par la présidence à quelques institutions (par exemple 250 000 euros au Conseil d'État). Sur ce montant, 52 % des sommes ont été attribuées à des projets des collectivités locales, rénovation de bâtiments (en particulier les églises), travaux de voirie, achat de matériel, et 48 % à des associations à vocation culturelle, sportive, sociale, patriotique. On relève que les députés écologistes ont distribué en moyenne 146 600 euros, alors que les députés non inscrits disposaient de 121 200 euros.

Le nombre de subventions attribuées est très variable, chaque député restant libre de fixer le montant accordé. Ainsi, en 2015, un député a attribué 130 subventions. La souplesse est, en effet, la principale caractéristique de ce mécanisme. Toutefois, quand il s'agit de financer des projets municipaux, les règles communes aux subventions d'État s'appliquent. Ainsi la subvention ne peut dépasser 50 % du montant (HT) des travaux prévus, et l'ensemble des subventions reçues ne peut dépasser 80 %, la collectivité devant, en tout état de cause, financer 20 %.

Le contrôle administratif est assuré par les services du ministère de l'Intérieur, au vu d'un dossier comportant le devis et le plan de financement des travaux. Les sommes sont versées une fois les travaux réalisés. Concernant les subventions aux associations, le versement est plus souple et effectué au vu des pièces administratives réclamées (statuts et budget prévisionnel).

Désormais connue, la réserve parlementaire fait l'objet de nombreuses critiques, en particulier sur son caractère « clientéliste ». On constate que certains parlementaires (environ 150) attribuent des subventions aux communes dont ils sont maires. Mais ce n'est, après tout, que la manifestation du cumul des mandats, conflit d'intérêts institutionnel qui disparaîtra en 2017. Quant aux autres députés élus par un corps électoral d'environ 80 000 personnes, l'attribution à quelques communes ou associations de sommes finalement modestes n'est pas de nature à modifier le sens du scrutin.

Il en va différemment chez les sénateurs, car leurs électeurs sont, pour l'essentiel, des maires et élus locaux. Dans certains départements, le corps électoral sénatorial est de l'ordre de 1 500 électeurs. L'attribution, pendant six ans, de financements à hauteur globale du million d'euros à un corps électoral aussi restreint est évidemment susceptible d'influencer le résultat du vote. Pour contourner ces critiques, quelques parlementaires ont mis en place des commissions d'élus ou de citoyens afin de les conseiller, voire pour affecter les sommes en question. Ces initiatives sympathiques me laissent perplexe : en quoi un citoyen de base est-il plus qualifié qu'un député pour attribuer l'argent public ?

Quel contrôle ?

Au demeurant, la publication des subventions accordées par chaque député permet à la presse, dès lors qu'elle effectue son rôle d'investigation, de faire apparaître les financements suspects, en particulier lorsqu'il s'agit d'associations « amies » ou, pire, lorsque le député en est le bénéficiaire. Dans ce cas, il appartient à la justice de sanctionner ce type de comportement, comme ce fut le cas en Polynésie, par exemple.

La réserve parlementaire est sortie de l'ombre où elle a longtemps été cantonnée, au point d'être parfois assimilée à une caisse noire dissimulée dans le budget des assemblées. Il était donc temps d'évacuer fantasmes et rumeurs. Reste que l'argent public que constitue la réserve parlementaire est distribué selon des critères discrétionnaires, qu'il s'agisse des opérations sélectionnées, des montants accordés, des procédures utilisées[1].

N'est-il pas préférable que l'argent public, surtout quand il est rare, soit réparti selon des critères objectifs, correspondant à des politiques prioritaires et prenant en compte la richesse des bénéficiaires ? Répondre oui à cette question, c'est condamner en quelque sorte la réserve parlementaire dans son état actuel. C'est pourquoi je plaide pour sa suppression.

5. Le Conseil constitutionnel

La QPC élargit le rôle du Conseil

Création de la Ve République, le Conseil constitutionnel a, à l'origine, pour mission de vérifier si les lois votées sont, en tout point, conformes à la Constitution. Il peut être saisi, pour ce faire, par soixante députés

1. C'est encore plus vrai pour les financements accordés aux associations qui ne font l'objet d'aucun contrôle approfondi. D'où des dérives, comme celle signalée par Mediapart le 28 octobre 2012 : « Comment un député a subventionné sa propre association », article de Mathilde Mathieu.

ou (et) sénateurs – cette saisine constitue en quelque sorte le dernier acte de la procédure parlementaire.

Mais ses compétences ne s'arrêtent pas là. Ainsi, le Conseil constitutionnel veille à la régularité de l'élection présidentielle ; c'est lui qui reçoit les parrainages des candidats et arrête la liste de ces derniers ; il désigne 2 000 délégués (des magistrats) qui surveilleront sur place le déroulement des opérations électorales et proclame les résultats. Je garde en mémoire le discret sourire de Nicolas Sarkozy, lorsque Jean-Louis Debré, président du Conseil constitutionnel, l'a proclamé élu, alors que l'opposition entre les deux hommes était de notoriété publique. Le Conseil est aussi l'instance de recours des décisions de la CNCCFP, concernant les comptes de campagne des candidats, n'hésitant pas, on l'a vu, à rejeter ceux de Nicolas Sarkozy en 2012. Les mêmes attributions concernent les élections législatives et sénatoriales. À la suite des élections législatives de 2012, saisi de 108 réclamations formulées par des candidats ou des électeurs, le Conseil a annulé les opérations dans sept circonscriptions, où il a fallu revoter lors d'élections partielles.

En 2010, le rôle du Conseil constitutionnel a été sensiblement complété et transformé, avec la possibilité enfin ouverte aux justiciables, à l'occasion d'un procès devant une juridiction judiciaire ou administrative, de demander au Conseil constitutionnel de vérifier que les griefs évoqués sont conformes à la Constitution[1]. Cette nouvelle saisine s'appelle la question prioritaire de constitutionnalité (QPC). À cette occasion, les procédures du Conseil ont été modifiées : la QPC est examinée au cours d'une séance publique où les avocats présentent leur argumentation, ce qui transforme le Conseil en véritable juridiction. Cette procédure est « prioritaire » et donc suspend le procès, jusqu'à la décision du Conseil constitutionnel. Pour ne pas retarder le procès, des délais sont prévus, ainsi qu'un filtre, afin que le Conseil n'examine que les questions justifiées. L'une des premières décisions prises, en mai 2010, ne passa pas inaperçue, puisque trois dispositions législatives furent annulées. Elles concernaient les pensions des anciens combattants de nos ex-colonies. Leur montant avait été maintenu au niveau atteint l'année de l'indépendance de leur pays. Cette « cristallisation » consistait à remplacer le droit à pension par une indemnité non revalorisable. En conséquence, au fil du temps, la somme perçue par ces anciens combattants africains était devenue honteusement inférieure à celle de leurs homologues français. Alors qu'un ancien sergent français recevait 7 512 euros de retraite annuelle, l'ancien sergent marocain ayant servi dans notre armée de la même manière

1. En 1990, déjà, Michel Rocard avait présenté ce dispositif, repoussé par les communistes et les gaullistes. Deux ans plus tard, la même disposition refaisait surface, mais sans succès. Il fallut attendre la révision constitutionnelle de 2008, voulue par Nicolas Sarkozy, pour que cette disposition soit enfin votée et rendue opérationnelle le 1er mars 2010.

et versé les mêmes cotisations de retraite ne touchait que 642 euros. À l'occasion d'une instance engagée pour faire valoir ses droits, un ancien combattant marocain déposa une QPC au Conseil constitutionnel qui abrogea les textes en cause, en évoquant la rupture du principe d'égalité. Ainsi 30 000 anciens combattants ont pu obtenir – enfin – le traitement réclamé et tout-à-fait justifié.

L'examen de ces QPC représente désormais l'essentiel des activités du Conseil, puisqu'il est saisi d'environ 70 QPC par année. Le rôle du Conseil constitutionnel s'est ainsi beaucoup modifié, au point qu'il est devenu une sorte de Cour constitutionnelle dont les membres doivent satisfaire les règles fondamentales d'un État de droit : impartialité et neutralité politique.

Revoir la composition du Conseil

Le Conseil comprend neuf membres, nommés pour neuf ans et non renouvelables. Trois sont nommés par le président de la République, dont le président du Conseil constitutionnel, trois autres par le président de l'Assemblée nationale et trois par le président du Sénat. La nomination est soumise à l'avis public préalable de la commission des lois de l'Assemblée et du Sénat.

Par ailleurs, les anciens présidents de la République, en vertu de l'article 56 de la Constitution, sont membres de droit, et à vie, du Conseil constitutionnel. Le maintien de cette disposition est susceptible, à terme, de menacer la crédibilité du Conseil constitutionnel. Actuellement, seul Valéry Giscard d'Estaing participe aux travaux du Conseil, Nicolas Sarkozy ayant décidé de ne pas y siéger et Jacques Chirac en étant empêché par son état de santé. Pour sa part, François Hollande a déclaré qu'il n'y siégerait pas.

Robert Badinter, lui-même ancien président du Conseil constitutionnel écrit : « Pourquoi transformer une institution en une sorte de bizarre annexe de l'Élysée, où l'on n'accepte pas les obligations mais où l'on bénéficie des avantages, où l'on siège et où l'on ne siège pas, où l'on participe à la vie politique, alors que le propre d'une juridiction constitutionnelle est précisément qu'aucun de ses membres ne doit participer sous aucune forme que ce soit à la vie politique[1] ? »

Jean-Louis Debré considère lui aussi qu'il conviendrait de mettre un terme à cette singularité française.

En 1958, il s'agissait d'assurer ainsi une retraite convenable à l'ancien président de la République, René Coty, qui avait pesé de tout son poids pour favoriser le retour au pouvoir du général de Gaulle. On ignore, en revanche, les motifs réels qui, jusqu'à présent, ont conduit les parlementaires de droite à s'opposer à cette réforme, y compris lors de l'importante révision constitutionnelle de 2008. « Pas opportune », tranchera le

1. Robert Badinter, « Une exception française : les anciens présidents de la république au Conseil constitutionnel », dans *Renouveau du droit constitutionnel. Mélanges en l'honneur de Louis Favoreu*, Dalloz, 2007, p. 514-522.

rapporteur de l'Assemblée pour repousser la position de suppression adoptée par le Sénat, avec l'appui de quatre présidents de groupe (sur cinq).

Faire face à sa nouvelle mission

Le nombre, significatif, de décisions de non-conformité – 28 % des saisines examinées – oblige le Parlement à légiférer de nouveau et conforte le Conseil dans son rôle de protecteur des droits et libertés des citoyens.

Pour faire face à cette nouvelle mission, le Conseil a dû aménager ses locaux qui se trouvent dans l'aile dite « Montpensier » du Palais-Royal. Il a fallu construire une salle d'audiences publiques, une salle de retransmission des séances et une salle des avocats. Une fois ces travaux réalisés, la dotation de l'État qui finance le budget du Conseil a régulièrement diminué depuis 2010, passant de 11,6 millions d'euros à 9,9 millions. Ce qui témoigne d'une grande maîtrise dans l'exécution du budget dont a fait preuve Jean-Louis Debré.

En 2017, avec l'arrivée d'un nouveau président, Laurent Fabius, le budget augmente de 38 % (+ 3,8 millions d'euros), afin, est-il précisé, de renforcer les effectifs, les actions de communication, les relations internationales, et de financer des travaux d'aménagement. Pour modestes que soient ces sommes, la progression est pour le moins excessive. La moitié du budget est constituée par les frais de personnel

(70 personnes) ; les dépenses relatives aux membres du Conseil s'élèvent à 2,4 millions, chaque membre bénéficiant d'une rémunération de 172 500 euros brut par an – soit 153 000 euros net – (le traitement du président s'élevant à 250 000 euros brut)[1].

La fonction de membre du Conseil constitutionnel est incompatible avec tout mandat électoral, ainsi qu'avec toute activité professionnelle, publique ou privée, notamment celle d'avocat. Les membres du Conseil constitutionnel ne sont pas soumis à l'obligation de remplir une déclaration de patrimoine et d'intérêts, comme c'est le cas pour la plupart des responsables politiques, judiciaires, administratifs de notre pays. Il ne s'agit pas d'un oubli, de telles obligations ayant été votées dans un texte concernant la déontologie des magistrats. Mais le Conseil a censuré ces dispositions au motif qu'elles ne présentaient pas de lien, même indirect, avec le sujet du texte. Le groupe socialiste, en conséquence, a déposé une proposition de loi organique relative au Conseil constitutionnel qui reprend ces dispositions.

Enfin le Conseil constitutionnel dispose, à l'instar de la présidence de la République et des assemblées parlementaires, d'une autonomie budgétaire, ce qui implique qu'il détermine lui-même les sommes nécessaires à son fonctionnement.

1. Durant sa présidence, Jean-Louis Debré avait aligné son traitement sur celui des membres du Conseil.

CONCLUSION

Pour une politique morale

En vingt-cinq ans de vie parlementaire, que de progrès réalisés !

Tous les chapitres de ce livre en témoignent à un point tel que l'ampleur de ces améliorations me surprend moi-même, malgré la part que j'ai pu y prendre.

Quelques suggestions pratiques pour l'avenir.

Supprimer le cumul des indemnités

Aujourd'hui, le financement de la vie politique par l'argent public est admis par tous. Il s'est substitué au rôle occulte et trouble que jouait l'argent privé en provenance des entreprises, des individus et de l'étranger.

Désormais le seul argent privé autorisé est celui des personnes désireuses de soutenir l'action politique de leur choix (encore ne faut-il pas oublier la défiscalisation partielle qui en résulte et qui pèse aussi sur le budget de l'État). Ce passage de l'argent privé à l'argent public s'est accompagné d'une transparence accrue, indispensable dès lors qu'il s'agit des deniers des contribuables, conformément à l'article XV de la Déclaration des droits de l'homme et du citoyen de 1789[1].

Toutefois, les 2,5 milliards d'euros consacrés par l'État à la vie politique ne sont pas sans conséquence sur le comportement des élus et des partis.

Du côté des élus, les rémunérations parfois généreuses que le cumul permet encore, pèsent sur le comportement des individus : la motivation financière progresse régulièrement dans les candidatures. Cependant, elle est difficile à combattre puisqu'elle n'est jamais explicitement avouée. Ainsi le maire d'une commune chef-lieu de canton de 2 500 habitants, par ailleurs président d'une communauté de communes de 9 000 habitants, perçoit une rémunération de 3 500 euros mensuels qui, dans un cas sur deux, s'ajoute à sa retraite professionnelle. C'est bien plus que le salaire moyen masculin (net) en France pour un temps plein, qui est de l'ordre, en 2014, de 2 450 euros. Comment s'assurer de la motivation exclusivement d'intérêt public de cet élu local ?

Dès lors que l'on s'élève dans la catégorie des élus locaux, l'objectif est d'atteindre, grâce au cumul, le plafond de 8 300 euros mensuels, somme à rapprocher du salaire moyen (net) d'un cadre : 3 900 euros. Ce

1. « La Société a le droit de demander compte à tout Agent public de son administration. »

plafond est d'ailleurs aisément atteint par un parlementaire qui cumule avec une fonction d'élu local.

Deux mesures au choix, toutes deux d'application simple, contribueraient à limiter cette inflation et à s'assurer d'une motivation dépourvue d'intérêt financier :

1. Supprimer tout cumul d'indemnités en permettant à l'élu de déterminer celle, unique, qu'il entend conserver.

2. À défaut, et comme mesure de repli en quelque sorte, diminuer le plafond du cumul des indemnités au niveau de l'indemnité parlementaire de base, soit 5 400 euros.

Cette dernière disposition concernerait immédiatement les futurs parlementaires. En effet, si l'interdiction du cumul avec une autre fonction exécutive locale entraîne une baisse de rémunération, en particulier pour les maires, les députés pourront rester simples membres d'un conseil départemental (ou) et régional, ce qui leur procurera une indemnité supplémentaire de 2 000 à 3 000 euros mensuels, selon les cas.

S'en tenir au mandat unique

En matière de non-cumul des mandats, la législation est devenue, depuis 2000, plus restrictive, puisqu'il est interdit de cumuler plus de deux mandats locaux et même de présider deux exécutifs locaux. Mais les intercommunalités (métropoles, communautés urbaines, communautés d'agglomération) sont exclues du cumul, ce qui est regrettable. Avec l'interdiction, dans la prochaine Assemblée, du cumul parlementaire/ fonction exécutive locale, un nouveau pas, important, sera réalisé.

Instaurer le mandat unique permettrait d'exercer la plupart des fonctions locales tout en conservant une activité professionnelle à temps partiel.

Qui croira qu'un mandat de conseiller départemental ou régional nécessite un temps plein ? Le choix du mandat unique ouvrira l'accès aux mandats locaux à des catégories socio-professionnelles qui en sont absentes. S'il ne fait pas de doute que certaines fonctions locales exigent un temps plein : maire d'une ville moyenne ou grande, président de conseil départemental par exemple, il est tout aussi certain que leur nombre peut être strictement limité[1]. Cette mesure permettrait aux élus locaux de vivre dans les mêmes conditions que leurs électeurs, ce qui ne peut que les en rapprocher et les rendre plus sensibles à leurs difficultés et à leurs aspirations.

Limiter le nombre des « professionnels de la politique »

La professionnalisation de la vie politique se manifeste tout particulièrement dans le recrutement du per-

1. Voir René Dosière, *Le Métier d'élu local*, *op. cit.*, p. 167 *sq.*

sonnel politique. À l'Assemblée nationale, beaucoup de nouveaux députés – de gauche comme de droite – n'ont jamais exercé d'autre activité professionnelle que politique. Collaborateurs d'élus locaux, salariés de partis politiques et de parlementaires (nationaux et européens), membres de cabinets ministériels, autant de filières de recrutement qui se sont développées ces dernières années grâce au financement public de la vie politique et qui concernent près de 8 000 personnes, uniquement dans les collectivités locales.

Le coût de ces collaborateurs politiques n'est pas négligeable, puisqu'il atteint 50 millions d'euros par an (16 millions pour les conseils régionaux, 23 millions pour les conseils départementaux, 6 millions pour les villes de plus de 100 000 habitants et 5 millions pour la Ville de Paris[1]), financés par les collectivités. Tous ces collaborateurs sont recrutés sur critères politiques et leur rémunération peut atteindre des montants élevés : ainsi dans l'Aisne, le directeur de cabinet du président du conseil départemental émargeait en 2014 à 9 000 bruts mensuels ! auxquels s'ajoutaient des avantages en nature substantiels (voiture, frais de représentation).

Quand ces collaborateurs d'élus parviennent à être eux-mêmes élus, que connaissent-ils de la vie réelle ? Rien. En outre, leur apprentissage politique s'est limité

1. Chiffres fournis par le ministère de l'Intérieur en réponse à mes questions écrites.

aux aspects les moins nobles de la vie politique : monter des « coups » stratégiques, utiliser toutes les techniques de la communication, pratiquer la cuisine électorale, etc. Bref, ils sont experts en pratique réaliste et cynique de la politique.

Un second vivier d'élus est alimenté par la haute fonction publique. À l'issue d'études brillantes dans les grandes écoles (ENA, ENS, Polytechnique...), les meilleurs éléments, qui rejoignent les grands corps de l'État, intègrent très rapidement les cabinets ministériels, alors même qu'ils n'ont pas exercé (ou si peu) leur métier. Ces années de cabinet serviront ultérieurement de marchepied à un « parachutage » dans une circonscription proche de Paris – quoique le TGV permette d'élargir la zone. Quelles connaissances de la société réelle peuvent-ils bien avoir dans ces conditions ?

Sur le nombre de ces « députés hors sol », il n'existe pas de statistiques précises, car les déclarations des intéressés auprès des services de l'Assemblée nationale – qui n'a ni le pouvoir ni les moyens d'en vérifier l'exactitude – sont souvent inexactes. Ainsi tel apparatchik se déclare chef d'entreprise au prétexte d'avoir fondé une petite société de conseil en magouilles politiciennes ! De même, si l'on connaît le nombre de parlementaires issus des grands corps de l'État, on ignore la proportion de ceux qui ont rejoint très tôt les cabinets ministériels. Une étude sur cette question reste à faire. Ma collègue Michèle Delaunay, élue députée après une longue carrière médicale, a consacré à cette question, dans son blog, un billet féroce et vrai.

« Comment peuvent-ils perdre pied, oublier le sens commun, agir comme s'ils étaient au-dessus de la règle la plus élémentaire, ne plus être capables d'entendre raison. Je n'ai besoin ni de noms ni d'exemples : ils ne sont que trop nombreux. L'explication la plus plausible est la plus simple : ces élus n'ont jamais connu la vie réelle. Entrés trop tôt dans le tunnel, ils n'en sont jamais ressortis. Compter pour savoir si l'on pourra payer ses deux employés à la fin du mois, si l'on aura soi-même assez pour assumer la scolarité du petit, le loyer. Suivre de près la météo, les récoltes et le prix des matières premières pour maintenir son exploitation agricole, répondre aux appels les nuits de garde en faisant sur le chemin vers le suivant la revue des traitements qu'on aurait pu oublier, toutes ces heures et ces jours où le réel est dur comme ciment et où il faut le coltiner sans échappatoire possible, tout cela, ils n'en savent rien. »

Pour limiter le nombre de « professionnels », une mesure aussi simple que claire serait de fixer la limite d'âge pour l'accès à la fonction parlementaire à 44 ans. On a abaissé – en 2011 – la limite d'âge à 18 ans, or les conditions nouvelles de la vie politique, notamment le financement public et le non-cumul des mandats parlementaires avec une fonction locale, ne peuvent que favoriser cette catégorie de « professionnels ». La fixation d'une limite d'âge impliquerait, pour les futurs députés, d'avoir exercé au préalable une vraie activité professionnelle, voire un mandat local à temps partiel. Je n'ignore pas les effets secondaires de cette limite d'âge mais, entre deux maux, il faut choisir le moindre !

Limiter les mandats dans le temps

Pour éviter le conservatisme, l'engourdissement, et surtout pour combattre les risques de corruption ou de conflit d'intérêts, la limitation dans le temps des mandats locaux exercés pourrait être un outil efficace. Une série de trois mandats, soit quinze ans, me semble répondre à cet objectif.

Cette période maximale est suffisante pour donner au parlementaire, d'un strict point de vue politique, le temps de faire ses preuves dans la majorité et dans l'opposition car, depuis 1981, aucune majorité n'est restée au pouvoir plus de deux mandats[1].

En finir avec la « carrière politique »

L'ensemble de ces dispositions a le mérite d'en finir avec la notion de « carrière politique » en redonnant au mandat électif sa signification originelle de service.

Au reste, alors que l'individu est désormais appelé à changer à plusieurs reprises de métier durant sa

1. Ce fut le cas en 2007 avec le renouvellement de la majorité de 2002. Dans tous les autres scrutins, la majorité n'est demeurée en place qu'une seule législature.

vie active, pourquoi le responsable politique seul y échapperait-il ?

Malgré tous les progrès réalisés, détaillés dans ce livre, le financement public des partis politiques comporte une faille importante, à savoir l'absence de tout contrôle, ainsi que nous l'avons vu au chapitre III. Cela explique, notamment, leur nombre invraisemblable et les graves dérives qui sont apparues lors de la campagne présidentielle de Nicolas Sarkozy, par exemple, avec le financement des activités de Bygmalion par Les Républicains, ainsi que les procédures judiciaires concernant le micro-parti Jeanne de Marine Le Pen, sans oublier les silences de Jean-Marie Le Pen sur l'activité bancaire de Cotelec. La législation de 1988, très insuffisante, n'a jamais été complétée. Il convient de mieux définir ce qu'est un parti politique, et d'opérer un contrôle sur ses dépenses ou, à tout le moins, sur une partie d'entre elles, à définir.

Le rôle des partis dans un régime démocratique est suffisamment important pour que la transparence de leurs finances et de leur gestion s'impose. À défaut d'une avancée sur ce point, les citoyens s'interrogeront légitimement sur ce que cache cette opacité, sachant que près de 50 % des ressources des partis proviennent de l'argent public.

Qu'est-ce qu'une politique morale ?

Ces combats que j'ai menés, avec bien d'autres personnes, durant ces vingt-cinq ans de vie parlementaire sont la démonstration concrète de l'utilité de l'action parlementaire. Sur ce point, les réticences que j'éprouvais à 20 ans étaient tout à fait injustifiées.

Pour le reste, ce sont les convictions acquises dans ma jeunesse et mes activités professionnelles qui m'ont guidé tout au long de mon mandat de député. Cette exigence d'une politique morale n'est pas, bien sûr, celle de la morale catholique ou laïque qui détermine, en vertu de convictions religieuses ou philosophiques, le bien du mal.

Dans notre pays, sous l'influence longtemps dominante du marxisme à la sauce guesdiste, la gauche non communiste a oublié que le socialisme est un humanisme, comme le proclament les premiers penseurs socialistes du XIXe siècle et, plus près de nous, Jean Jaurès et Léon Blum. Ce que le jeune Péguy, socialiste, résumait ainsi : « La révolution sociale sera morale ou elle ne sera pas[1]. »

On ne saurait réduire le bonheur de l'homme à la satisfaction de ses seuls besoins matériels. Les évolutions culturelles sont plus difficiles à accomplir et plus fondamentales. On l'a vérifié dans les années 1960 quand le parti communiste, prétendument révolution-

1. *Œuvres en prose complètes*, Gallimard, « Bibliothèque de la Pléiade », t. 1, p. 729.

naire, s'opposait à la contraception féminine, avec la même argumentation que les partis catholiques conservateurs. On le vérifie quotidiennement quand il s'agit de faire toute sa place à la parité dans notre vie en société.

Une politique morale, c'est une politique où ceux qui invoquent des préceptes pour les autres se décident à se les appliquer à eux-mêmes. Une politique morale, c'est une politique de l'exemplarité, de l'exigence, de la vérité et de l'humilité. Une politique morale, c'est une politique qui respecte les électeurs en s'adressant à leur raison, plutôt qu'à leurs émotions. Une politique morale, c'est une politique qui ne simplifie pas ce qui est complexe, mais qui explique, avec pédagogie, ses orientations. Une politique morale ne promet pas ce que l'on sait ne pas pouvoir tenir. Une politique morale appréhende le réel pour mieux aller vers l'idéal – comme le disait, encore, Jean Jaurès.

Une politique morale réalise la transparence sur l'usage de l'argent public, parce que cet argent est celui de tous les citoyens, mais refuse le voyeurisme. Une politique morale combat les dérives qui aboutissent au gaspillage des fonds publics en organisant les procédures de contrôle et en donnant à la justice les moyens de sanctionner les coupables. Une politique morale place au premier rang de ses valeurs l'intérêt général et non celui de telle ou telle catégorie de citoyens, aussi respectable soit-elle.

Une politique morale affirme que l'argent doit rester cantonné dans la sphère des biens économiques et ne pas devenir l'étalon des valeurs culturelles, sociales, spirituelles ou de la réussite personnelle. Consciente des faiblesses humaines, elle met en place les garde-fous nécessaires, privilégiant la prévention des conflits d'intérêts, mais sanctionnant durement ceux qui les pratiquent.

Une politique morale n'exige pas la sainteté, qui est d'une autre nature, mais se satisfait de la volonté de servir, et non pas de se servir.

Le référendum sur la sortie du Royaume-Uni de l'Union européenne et l'élection présidentielle américaine constituent une alerte sérieuse pour les démocrates. Désormais, les responsables politiques n'hésitent pas, en parfaite connaissance de cause, à annoncer de fausses nouvelles, afin qu'elles soient massivement véhiculées par les réseaux sociaux dont on a vu qu'ils ne sont pas à l'abri de piratages et de manipulations. Or, la crédibilité de l'information est au cœur du fonctionnement d'une société démocratique. La réponse à cette menace réside dans la pratique d'une politique morale, seule capable de rétablir la confiance du peuple envers ses responsables politiques, socle fondamental d'un système démocratique.

Au terme de ces quarante années d'engagement politique, je peux l'affirmer sans détour, la politique est l'activité la plus noble, la plus exigeante, la plus difficile et la plus honorable qui soit, quand elle n'oublie pas ce que Charles Péguy appelait « la mystique républicaine ».

Annexes

ANNEXE 1

Le statut des anciens présidents de la République

5 octobre 2016 JOURNAL OFFICIEL DE LA RÉPUBLIQUE FRANÇAISE Texte 1 sur 124

Présidence de la République

Décret n° 2016-1302 du 4 octobre 2016 relatif au soutien matériel et en personnel apporté aux anciens Présidents de la République

NOR : *PREX1628055D*

Le Président de la République,

Sur le rapport du Premier ministre,

Vu la Constitution, notamment son article 37,

Décrète :

Art. 1er. – Pendant les cinq années qui suivent la cessation de leurs fonctions, il est mis à disposition des anciens présidents de la République sept collaborateurs permanents, dont un directeur de cabinet du niveau de la catégorie A supérieure et trois collaborateurs du niveau de la catégorie A, ainsi que deux agents de service, appartenant à la fonction publique ou rémunérés par l'Etat sur contrat.

Art. 2. – Au-delà des cinq années qui suivent la cessation de leurs fonctions, il est mis à disposition des anciens Présidents de la République trois collaborateurs permanents, dont un directeur de cabinet du niveau de la catégorie A supérieure et un collaborateur du niveau de la catégorie A, ainsi qu'un agent de service, appartenant à la fonction publique ou rémunérés par l'Etat sur contrat.

Art. 3. – Il est mis à disposition des anciens Présidents de la République, en adéquation avec les personnels mis à leur disposition, des locaux meublés et équipés, dont le loyer, les charges et les frais généraux sont pris en charge par l'Etat.

Art. 4. – Les anciens Présidents de la République bénéficient, pour leurs activités liées à leurs fonctions d'anciens chefs de l'Etat, de la prise en charge des frais de réception ainsi que des frais de déplacement, pour eux-mêmes et un collaborateur.

Art. 5. – La gestion du dispositif de soutien matériel et en personnel apportés aux anciens Présidents de la République est assurée par les services du Premier ministre, à l'exception de leurs véhicules et de leurs conducteurs qui sont mis en place par le ministère de l'intérieur dans le cadre de la protection dont ils bénéficient.

Art. 6. – Pour les anciens Présidents de la République investis avant le 15 mai 2012, le délai de cinq années mentionné à l'article 1er court à compter de la date d'entrée en vigueur du présent décret.

Art. 7. – Le Premier ministre, le ministre de l'économie et des finances et le ministre de l'intérieur sont chargés, chacun en ce qui le concerne, de l'exécution du présent décret, qui sera publié au *Journal officiel* de la République française.

Fait le 4 octobre 2016.

François Hollande

Par le Président de la République :

Le Premier ministre,
Manuel Valls

Le ministre de l'économie et des finances,
Michel Sapin

Le ministre de l'intérieur,
Bernard Cazeneuve

ANNEXE 2

Plafond des indemnités mensuelles de fonction des élus locaux (en euros au 1er juillet 2016)

1. Communes

Population totale	*Maires*	*Adjoints*
< 500	650	252
500 à 999	1 185	315
1 000 à 3 499	1 644	631
3 500 à 9 999	2 103	841
10 000 à 19 999	2 485	1 051
20 000 à 49 999	3 441	1 262
50 000 à 99 999	4 206	1 682
100 000 à 200 000	5 545	2 524
> 200 000	5 545	2 772

Des majorations sont possibles :

– dans les communes chefs-lieux de département (+ 25 %), d'arrondissement (+ 20 %), de cantons (+ 15 %) ;

– dans les communes classées stations de tourisme de moins de 5 000 habitants (+ 50 %) et de plus de 5 000 habitants (+ 25 %) ;

– dans les communes bénéficiaires, au cours d'une des

trois années précédentes de la dotation de solidarité urbaine. La majoration consiste à attribuer les indemnités correspondantes à la tranche de population supérieure.

Toutes ces majorations peuvent se cumuler.

2. Communautés de communes

Population totale	*Président*	*Vice-président*
< 500	487	189
500 à 999	889	236
1 000 à 3 499	1 233	473
3 500 à 9 999	1 577	631
10 000 à 19 999	1 864	788
20 000 à 49 999	2 581	945
50 000 à 99 999	3 154	1 262
100 000 à 199 999	4 158	1 893
> 200 000	4 158	2 079

3. Communautés d'agglomérations et communautés urbaines

Population totale	*Président*	*Vice-président*
20 000 à 49 999	3 441	1 262
50 000 à 99 999	4 206	1 682
100 000 à 199 999	5 545	2 524
> 200 000	5 545	2 772

4. Métropoles

	Président	*Vice-président*	*Conseiller*
Établissement public territorial de la Métropole du Grand Paris	4 206	1 682	229
Métropole du Grand Paris	5 545	2 772	1 070
Métropole de Lyon	5 545	3 747	2 677
Métropole d'Aix-Marseille	5 545	2 772	1 070
Conseils de territoires de la Métropole d'Aix	2 772	1 262	
Métropole de droit commun	5 545	2 772	1 070 (> 400 000 hab.)
			229 (< 400 000 hab.)

5. Conseil de Paris

Maire	9 202
Adjoint	6 142
Conseiller de Paris	4 326
Membre de la commission permanente	4 761
Maire d'arrondissement, conseiller de Paris	6 142
Maire d'arrondissement, non-conseiller de Paris	3 451
Adjoint au maire d'arrondissement	1 649

6. Conseil départemental

Population totale	*Vice-président*	*Conseillers*
< 250 000	2 140	1 529
De 250 000 à moins de 500 000	2 676	1 912
De 500 000 à moins de 1 million	3 211	2 294
De 1 million à moins de 1,25 million	3 479	2 485
> 1,25 million	3 747	2 677

Président de conseil départemental : 5 545 euros.

7. Conseil régional

Population totale	*Vice-président*	*Conseiller*
< 1 million	2 140	1 529
1 million à moins de 2 millions	2 676	1 912
2 millions à moins de 3 millions	3 211	2 294
> 3 millions	3 747	2 677

Président de conseil régional : 5 545 euros.

ANNEXE 3

Répartition du financement public aux partis politiques

Décrets, arrêtés, circulaires

TEXTES GÉNÉRAUX

MINISTÈRE DE L'INTÉRIEUR

Décret n° 2016-111 du 4 février 2016 pris pour l'application des articles 9 et 9-1 de la loi n° 88-227 du 11 mars 1988 modifiée relative à la transparence financière de la vie politique

NOR : *INTA1600851D*

Publics concernés : *partis et groupements politiques.*

Objet : *répartition de l'aide publique aux partis et groupements politiques pour l'année 2016.*

Entrée en vigueur : *le texte entre en vigueur le lendemain de sa publication.*

Notice : *la loi n° 88-227 du 11 mars 1988 modifiée relative à la transparence financière de la vie politique pose le principe d'un financement public des partis et groupements politiques. Le montant de cette aide publique est partagé en deux fractions égales.*

La première fraction est répartie entre les partis et groupements politiques en fonction du nombre de suffrages qu'ils ont obtenus lors du dernier renouvellement de l'Assemblée nationale, sous réserve qu'ils aient respecté leurs obligations comptables au titre de l'année 2014, en application des dispositions de l'article 11-7 de la loi du 11 mars 1988. Le montant de cette fraction est minoré pour les formations politiques qui n'ont pas respecté l'obligation de parité des candidatures lors du renouvellement général de l'Assemblée nationale (art. 9-1 de la loi du 11 mars 1988).

La seconde fraction, spécifiquement destinée au financement des partis et groupements politiques représentés au Parlement, est répartie en fonction du nombre de parlementaires ayant déclaré se rattacher à chacun d'entre eux au cours du mois de novembre 2015.

Références : *le présent texte est pris en application des articles 8, 9 et 9-1 de la loi du 11 mars 1988 relative à la transparence financière de la vie politique. Il peut être consulté sur le site Légifrance (http://www.legifrance.gouv.fr).*

Le Premier ministre,

Sur le rapport du ministre de l'intérieur,

Vu la Constitution, notamment ses articles 4 et 62 (troisième alinéa) ;

Vu le code électoral, notamment ses articles LO 128, L. 154 à L. 163 et R. 98 à R. 102 ;

Vu la loi n° 88-227 du 11 mars 1988 modifiée relative à la transparence financière de la vie politique ;

Vu la loi n° 2015-1785 du 29 décembre 2015 de finances pour 2016 ;

Vu le décret n° 2012-558 du 25 avril 2012 portant convocation des électeurs pour l'élection des députés à l'Assemblée nationale ;

Vu l'ensemble des décisions du Conseil constitutionnel du 25 janvier 2013 au 24 mai 2013 déclarant inéligibles certains candidats aux élections législatives des 10 et 17 juin 2012 en application de l'article LO 128 du code électoral ;

Vu l'avis relatif à la publication générale des comptes des partis et groupements politiques au titre de l'exercice 2014 effectué par la Commission nationale des comptes de campagne et des financements politiques au *Journal officiel* du 31 décembre 2015 ;

Vu la communication adressée le 10 décembre 2015 au Premier ministre par le président du Sénat au nom du bureau en application des dispositions du huitième alinéa de l'article 9 de la loi du 11 mars 1998 précitée ;

Vu la communication adressée le 23 décembre 2015 au Premier ministre par le président de l'Assemblée nationale au nom du bureau en application des dispositions du huitième alinéa de l'article 9 de la loi du 11 mars 1998 précitée,

Décrète :

Art. 1er. – Le montant des aides attribuées aux partis et groupements politiques en application des articles 9 et 9-1 de la loi du 11 mars 1988 susvisée est fixé pour l'année 2016 à 63 101 868,14 euros.

Le montant de la première fraction des aides attribuées aux partis et groupements politiques visés aux deuxième et troisième alinéas de l'article 9 de la loi du 11 mars 1988 précitée est fixé à 28 766 533,14 euros.

Le montant de la seconde fraction des aides attribuées aux partis et groupements politiques visés au sixième alinéa de l'article 9 de la loi du 11 mars 1988 susmentionnée est fixé à 34 335 335 euros.

5 février 2016 JOURNAL OFFICIEL DE LA RÉPUBLIQUE FRANÇAISE Texte 21 sur 122

Art. 2. – La somme mentionnée au deuxième alinéa de l'article 1er est répartie entre les partis et groupements politiques conformément à l'annexe I au présent décret.

Art. 3. – La somme mentionnée au troisième alinéa de l'article 1er est répartie entre les partis et groupements politiques conformément à l'annexe II au présent décret.

Art. 4. – Chacun des partis et groupements politiques figurant soit à l'annexe I, soit à l'annexe II, doit faire connaître au ministre de l'intérieur (1) son numéro SIRET, le numéro de compte bancaire sur lequel devra être versée la somme qui lui est attribuée ainsi que l'identité du titulaire de ce compte.

Art. 5. – Le ministre de l'intérieur est chargé de l'exécution du présent décret, qui sera publié au *Journal officiel* de la République française.

Fait le 4 février 2016.

MANUEL VALLS

Par le Premier ministre :

Le ministre de l'intérieur,
BERNARD CAZENEUVE

(1) Secrétariat général (direction de la modernisation et de l'action territoriale, bureau des élections et des études politiques), place Beauvau, 75800 Paris Cedex 08.

ANNEXES

ANNEXE I

PARTIS ET GROUPEMENTS POLITIQUES BÉNÉFICIAIRES DE LA PREMIÈRE FRACTION DE L'AIDE PUBLIQUE POUR 2016

I. – PARTIS ET GROUPEMENTS POLITIQUES AYANT présenté des candidats dans au moins 50 circonscriptions	NOMBRE DE VOIX prises en compte	NOMBRE DE candidats hommes	NOMBRE DE candidats femmes	MONTANT de la première fraction de l'aide publique 2016 compte tenu de la loi sur la parité
Parti socialiste	7 952 895	305	226	10 021 984,07 €
Les Républicains	6 788 077	377	129	6 089 158,70 €
Front national	3 524 268	293	281	4 920 582,91 €
Europe Ecologie les Verts	1 470 444	239	233	2 085 737,08 €
Parti communiste français	1 369 530	212	206	1 928 412,19 €
Union des Radicaux, Centristes, Indépendants et Démocrates (URCID)	728 878	85	67	942 045,98 €
Parti Radical de Gauche	441 757	48	28	502 933,72 €
Association PSLE - Nouveau Centre	457 442	62	38	519 745,44 €
Le Centre pour la France	436 470	216	129	502 014,74 €
Forces de gauche	400 234	76	58	510 513,58 €
Debout la France	152 346	140	158	206 304,23 €
L'alliance écologiste indépendante	114 096	208	143	139 369,60 €
Le Trèfle - les nouveaux écologistes	70 600	82	77	92 036,88 €
Sous-total I	*23 697 636*	*2 323*	*1 771*	*28 460 828,12 €*

II. – PARTIS ET GROUPEMENTS POLITIQUES AYANT présenté des candidats exclusivement outre-mer	NOMBRE DE VOIX prises en compte	NOMBRE DE candidats hommes	NOMBRE DE candidats femmes	MONTANT de la première fraction de l'aide publique 2016 compte tenu de la loi sur la parité
Pour la Réunion, de toutes nos forces	29 023	1	1	41 167,39 €
Calédonie ensemble	23 875	1	1	33 865,26 €
Guadeloupe Unie Socialisme et Réalités	16 620	1	1	23 574,48 €

5 février 2016 JOURNAL OFFICIEL DE LA RÉPUBLIQUE FRANÇAISE Texte 21 sur 122

II. – PARTIS ET GROUPEMENTS POLITIQUES AYANT présenté des candidats exclusivement outre-mer	NOMBRE DE VOIX prises en compte	NOMBRE DE candidats hommes	NOMBRE DE candidats femmes	MONTANT de la première fraction de l'aide publique 2016 compte tenu de la loi sur la parité
La politique autrement	16 224	1	0	23 012,78 €
Démocratie et République	13 853	0	1	19 649,65 €
Groupement France Réunion	13 528	1	0	19 188,66 €
Parti progressiste martiniquais	19 538	3	1	17 320,93 €
Parti communiste guadeloupéen	11 348	1	0	16 093,82 €
Réunion avenir, une ambition pour La Réunion dans la France	8 136	1	0	11 540,43 €
Parti communiste réunionnais	26 205	7	0	9 292,56 €
Tahoeraa huiraatira	25 276	3	0	8 963,12 €
Rassemblement pour la Calédonie	5 890	1	1	8 354,61 €
Mouvement initiative populaire	5 742	1	0	8 144,68 €
Vivre à Schoelcher	5 558	1	0	7 883,69 €
Front de Libération de la Polynésie - Tavini Huiraatira no te ao ma'ohi	20 350	3	0	7 216,32 €
Rassemblement UMP (Le Rassemblement pour la Calédonie dans la République)	19 694	2	0	6 983,69 €
Mouvement indépendantiste martiniquais	16 880	2	0	5 985,82 €
Bâtir le pays Martinique	4 217	1	0	5 981,56 €
Parti pour la libération de la Martinique	3 580	1	0	5 078,02 €
Union pour la démocratie	2 641	1	0	3 746,10 €
No Oe E Te Nuna'a	2 548	0	1	3 614,19 €
Ia Hau Noa	2 436	1	0	3 453,90 €
RAUTAHI	1 762	1	0	2 499,29 €
Cap sur l'avenir	1 674	0	1	2 374,47 €
Forces martiniquaises de progrès	4 451	2	0	1 578,37 €
Rassemblement démocratique pour la Martinique	2 500	2	0	886,53 €
Mouvement libéral populaire	462	1	0	655,32 €
Archipel Demain	378	1	0	536,17 €
Indépendants de la France de Métropole et d'Outre-mer	500	1	1	709,22 €
Parti socialiste guyanais	4 479	1	1	6 353,19 €
Sous-total II	*309 365*	*43*	*10*	*305 704,82 €*

ANNEXE II

PARTIS ET GROUPEMENTS POLITIQUES BÉNÉFICIAIRES DE LA SECONDE FRACTION DE L'AIDE PUBLIQUE POUR 2016

PARTIS ET GROUPEMENTS POLITIQUES représentés au Parlement	NOMBRE DE PARLEMENTAIRES ouvrant droit au versement de l'aide publique			MONTANT DE LA SECONDE fraction de l'aide publique attribuée pour 2016
	Assemblée nationale	Sénat	TOTAL 2016	
Parti socialiste	288	108	396	14 902 359,14 €
Les Républicains	197	137	334	12 505 999,88 €

5 février 2016 JOURNAL OFFICIEL DE LA RÉPUBLIQUE FRANÇAISE Texte 21 sur 122

PARTIS ET GROUPEMENTS POLITIQUES représentés au Parlement	NOMBRE DE PARLEMENTAIRES ouvrant droit au versement de l'aide publique			MONTANT DE LA SECONDE fraction de l'aide publique attribuée pour 2016
	Assemblée nationale	Sénat	TOTAL 2016	
Union des Radicaux, Centristes, Indépendants et Démocrates (URCID)	17	28	45	1 684 940,10 €
Europe Écologie les Verts	12	7	19	711 419,15 €
Parti Radical de Gauche	15	14	29	1 085 860,29 €
Parti communiste français	8	18	26	973 520,95 €
Association PSLE - Nouveau Centre	10	8	18	673 976,04 €
Debout la France	4	2	6	224 658,68 €
Le Centre pour la France	1	8	9	336 988,02 €
Tahoeraa Huiraatira	1	0	1	37 443,11 €
Front national	2	2	4	149 772,45 €
Rassemblement UMP (Le Rassemblement pour la Calédonie dans la République)	0	3	3	112 329,34 €
Parti progressiste martiniquais	1	2	3	112 329,34 €
Forces de gauche	2	0	2	74 886,23 €
Guadeloupe Unie Socialisme et Réalités	1	1	2	74 886,23 €
Calédonie ensemble	1	0	1	37 443,11 €
Mouvement indépendantiste martiniquais	2	0	2	74 886,23 €
Démocratie et République	1	0	1	37 443,11 €
Parti communiste réunionnais	0	1	1	37 443,11 €
Cap sur l'avenir	1	0	1	37 443,11 €
Parti communiste guadeloupéen	1	0	1	37 443,11 €
La politique autrement	1	0	1	37 443,11 €
Pour la Réunion, de toutes nos forces	1	0	1	37 443,11 €
Mouvement initiative populaire	1	0	1	37 443,11 €
Rassemblement démocratique pour la Martinique	0	1	1	37 443,11 €
RAUTAHI	2	0	2	74 886,23 €
Parti socialiste guyanais	2	1	3	112 329,34 €
No Oe E Te Nuna'a	0	2	2	74 886,23 €
Total des parlementaires rattachés	*573*	*344*	*917*	*34 335 335 €*
Parlementaires non rattachés/non déclarés	*2*	*4*	*6*	

17

Tables

Table des chapitres

Table des tableaux

Table des graphiques

Table des annexes

RÉALISATION : NORD COMPO À VILLENEUVE-D'ASCQ
IMPRESSION : CPI FRANCE
DÉPÔT LÉGAL : FÉVRIER 2017. N° 136045 (139624)
Imprimé en France